HAR MAN RET TIL EN FAR?

- legal børnekidnapning i Danmark

Jakob Munck

HAR MAN RET TIL EN FAR?

- legal børnekidnapning i Danmark

2015

© 2015 Jakob Munck - www.jamu.dk
Vers. 150221
Forlag: Books on Demand GmbH, København, Danmark
Tryk: Books on Demand GmbH, Norderstedt, Tyskland
ISBN: 978-87-7170-091-6

Indhold

1. INDLEDNING

Denne lille bog handler om fædre og børn. Den første udgave af bogen udkom i 1994 på FremTid forlag og nu har jeg valgt at genudgive den med mindre ændringer og opdateringer.

Bogen er - desværre - ikke forældet, set i forhold til situationen, som den så ud dengang den udkom første gang. Hundreder af danske fædre mister - også i dag - kontakten til deres børn, og disse børn vokser op med en enlig mor. Ikke sjældent med skiftende surrogatfædre og et ustabilt miljø. Jeg er ikke spor overrasket over de udenlandske fædre, som - efter en skilsmisse fra den danske mor - vælger at bortføre deres børn til lande, hvor de danske myndigheder ikke kan nå dem. Jeg ville sandsynligvis selv have gjort det samme, hvis det havde været muligt, dengang jeg mistede retten til at se min søn.

I FN's børnekonvention (1), står der i artikel 9, stk. 3 at:

> *»Deltagerstaterne skal respektere retten for et barn, der er adskilt fra den ene eller begge forældre, til at opretholde regelmæssig personlig forbindelse og direkte kontakt med begge forældre, undtagen hvis dette strider mod barnets tarv«*

Men denne konvention overholdes ikke i Danmark. For her har politikerne vedtaget, at det strider mod barnet tarv at have kontakt med sin far, hvis moderen ikke ønsker det. Det er hende - og hende alene - som bestemmer, hvad barnet har godt af. Barnets tarv er identisk med moderens vilje, det er den opfattelse, som danske politikere har haft gennem mange år. Og den er lige så forkert i dag, som den var for 20 år siden. Efter FN's retningslinjer har børn selvstændige rettigheder, som er uafhængige af moderens ønsker. Men det gælder ikke i Danmark. Her er børnekidnapning muligt og helt legalt, hvis bare den udføres af barnets mor.

Herværende bog består af 5 cases efterfulgt af nogle mere generelle, juridiske og psykologiske overvejelser. Eksempelmaterialet stammer fra min egen case samt fra mine erfaringer fra 5 års rådgivningsvirksomhed i Foreningen Far (2) i perioden fra 1994 - 1999. Jeg har i denne periode brugt flere hundrede timer til samtaler og interviews med fædre, som var ramt at de diskriminerende og børnefjendske danske lovbestemmelser. Jeg har mødt og snakket med over hundrede danske fædre, som alle - mod deres vilje - var blevet udelukket fra at se deres barn.

Baggrunden for disse ulykkelige sager er naturligvis forskellig, men de eksempler, jeg har udvalgt, giver et indtryk. Det drejer sig i de fleste tilfælde om almindelige, sunde og raske mænd, som af en eller anden årsag ikke har kunnet fungere i samliv med moderen, og som derfor er blevet udelukket fra at se deres barn/børn.

Fædrene, som jeg omtaler i denne bog, har alle givet deres tilladelse til, at jeg bruger dem som eksempler, men for at beskytte dem, har jeg ændret deres navne og enkelte uvæsentlige data, så ingen kan risikere at blive genkendt. De fleste ønsker nemlig på et tidspunkt at glemme deres tragiske oplevelser og at lade sårene hele.

Inden jeg går over til de 5 cases, tror jeg, at det kan være interessant for læseren at sætte sig lidt ind i statistikken. Hvor stort er problemet med fædre, som ikke må se deres børn, egentligt? Læs bogen og dan din egen mening.

Jakob Munck
21/2-2015

2. STATISTIK

Der er efter Justitsministeriets oplysninger (1994) ca. 4.000 sager om samværsret hvert år. Sagerne afgøres i første omgang af Statsamterne eller af Overpræsidiet, hvis de hører hjemme i Københavns Amt. Hvis en af parterne ikke kan acceptere den afgørelse, der kommer fra Statsamt eller Overpræsidium, kan den pågældende anke sagen til Civilretsdirektoratet, der træffer den endelige afgørelse.

Efter Justitsministeriets oplysninger (3) blev der i 1991 givet afslag på samværsret i 8,5 % af disse sager, dvs. i ca. 340 sager. Det drejer sig i 90 % af tilfældene om mænd, der ikke kan få lov til at se deres børn, altså børn, der bliver gjort faderløse.

I 7 ud af 25 analyserede sager, dvs. 28 % af tilfældene, er årsagen den, at faderen ikke har boet tilstrækkelig længe, eller slet ikke har boet sammen med moderen og barnet, før samlivet blev ophævet. I henhold til Justitsministeriets oplysninger (4), skal man nemlig have boet minimum i 6 måneder med sit barn, før der kan fastsættes samværsret. Hvis en far ikke har fået lov til at leve i 6 måneder med sit barn, kan han altså ikke få samværsret. Dette gælder vel at mærke, uanset hvad årsagen er til, at han ikke har levet med barnet. Om det er fordi moderen er flyttet, har smidt ham ud eller på anden måde forhindret ham i at have med barnet at gøre, har ingen betydning. Hvis moderen meddeler myndighederne, at hun ikke ønsker at se faderen mere, og at hun føler sig »utryg« ved ham, fordi han »drikker«, »er utro« el. lign., så er det godt nok. Hun behøver absolut ikke at kunne bevise det, og det at han nægter disse beskyldninger, har ingen betydning. Bare det at moderen »føler«, at det forholder sig på denne måde, er nemlig nok til at myndighederne accepterer, at hun lukker ham ude. Har faderen ikke boet i 6 måneder sammen med sit barn, har barnet bedst af aldrig at se ham - sådan er logikken!

Ud fra Justitsministeriets tal kan man regne ud, at der på årsbasis er mindst 100 fædre, som får afslag på ansøgninger om samværsret, alene med den begrundelse, at de ikke har levet med barnet i tilstrækkelig lang tid, og derfor ikke har en tæt forbindelse til barnet, allerede inden de søger samværsret. I de tilfælde, der her er gennemgået, er årsagen til at denne forbindelse mangler alene den, at moderen har forhindret faderen i at se sit barn. Han har ønsket at bevare denne kontakt, men det har været umuligt. Moderen, myndighederne og politiet i forening, lukker ham ude.

De 5 sager, der er gennemgået i denne bog, er kun en meget lille procentdel af dem, der forekommer hvert år. De fleste kommer nemlig slet ikke til behandling hos myndighederne, fordi fædrene på forhånd har fået at vide, at de ingen chancer har. De opgiver derfor fra starten og søger derfor slet ikke om at få samværsret med deres barn. Dette udlægges naturligvis af myndighederne og af kvindebevægelsen på den måde, at mændene ikke er interesseret i deres børn. Det er måske også sandheden i visse tilfælde, men i mange andre er det forkert. Mændene har nemlig ikke en chance for at få samværsret med deres børn, når de er blevet lukket ude fra starten. Derfor vælger mange af dem - naturligt nok - at opgive med det samme. De vil ikke udsætte sig selv for de betydelige personlige og økonomiske omkostninger, som en samværssag medfører. Især ikke når de i forvejen ved, at de kommer til at tabe.

3. ANDRE LANDE

Når det drejer sig om fædres ret til samvær med deres børn efter skilsmisse, er der er næppe nogen mening i at sammenligne forholdene i Danmark med forholdene i de andre EU-lande. Kulturen, familiemønsteret, kønsrollerne og skilsmissprocenterne er alt for forskellige. En meningsfuld sammenligning kan man - efter de flestes mening - kun få, hvis man sammenligner Danmark med Norge og Sverige. Disse to lande har nemlig i høj grad de samme traditioner og familiemønstre som Danmark, og deres skilsmisseprocenter og antallet af ugifte forældre er nogenlunde af samme størrelsesorden, som vi kender herhjemme. Man må derfor undre sig over, at der er så stor forskel i holdningen til børns og fraskilte fædres rettigheder. I Norge og Sverige er den lovgivning, der regulerer fædres forhold til deres børn efter skilsmisse, nemlig lavet på en helt anden måde end i Danmark. Filosofien er anderledes.

I Sverige har man udformet loven sådan, at man slet ikke taler om »samværsret«, men derimod om »forældreansvar«. Som udgangspunkt har svenske fædre altså ikke »ret« til at se og holde kontakt til deres børn, de har pligt til det. I Sverige har man derfor også kun ca. 400 sager om samværsret om året, på trods af at de har en befolkning, der er næsten dobbelt så stor som den danske. Af de 400 årlige sager nægtes der samværsret i ca. 3 % af tilfældene (5). Disse tal viser, at det er mere end 10 gange sværere for en fraskilt far at få samværsret med sit barn i Danmark, end det er i Sverige.

I Norge har man valgt at fastsætte et minimumssamvær direkte i loven, så når de norske myndigheder skal afgøre samværsret, er det altså på grundlag af en lov, der siger, at der skal være samværsret. Kun i tilfælde hvor den, der ønsker at forhindre samvær mellem barnet og den anden forælder kan bevise, at samværet vil være til skade for barnet, kan der afviges fra lovens bestemmelser.

Danmark er altså det af de tre nævnte lande, der har den mest børne- og faderfjendske lovgivning og praksis m.h.t. samværsret. Danske politikere må altså mene, at fædre her i landet er dårligere end de svenske og norske fædre, og derfor ikke skal have de samme rettigheder. Eller tager jeg fejl? Er det fordi de mener, at danske børn ikke har lige så meget brug for en far, som svenske og norske børn har det?

Læseren må selv forsøge at finde svaret. Jeg kender det ikke. Faktum er i hvert fald, at Danmark er det eneste land i Norden, hvor man ved beslutning om samvær tager udgangspunkt i faderens »hidtidige forbindelse med barnet«. Fædre, som bliver lukket ude fra starten, kan altså ikke få samvær, hvis moderen ikke ønsker det. De er gjort til ufrivillige donorer, med pligt til at betale børnepenge, men uden ret til at se deres børn.

I det følgende vil jeg gennemgå mine 5 cases, og efter disse vil jeg diskutere lidt jura og psykologi.

4. KONKRETE CASES

Case 1:

Henrik og Lotte

Henrik er 24 år og ansat som portner ved en offentlig institution. Han er ugift og bor alene i en ejerlejlighed på Nørrebro i København. En aften går han på diskotek og møder en pige - Lotte - som han bliver glad for. Tilsyneladende er kærligheden gensidig. Lotte er 3 år ældre end Henrik, og hun har et barn på 5 år med en mand, som - efter hvad hun fortæller - ikke ønsker at have noget med barnet at gøre. Lotte arbejder som pædagogmedhjælper i en børnehave og bor i en lejlighed et par kilometer fra, hvor Henrik bor.

Da Lotte og Henrik har kendt hinanden i 2 måneder, bliver Lotte gravid. Det sker ikke som resultat af en fælles aftale mellem de to, men tilsyneladende ved et uheld. De såkaldt »sikre perioder« viste sig ikke at være så sikre alligevel!

Lotte fortæller med det samme Henrik, at hun vil beholde barnet, men at han naturligvis vil få lejlighed til at være sammen med barnet så meget han ønsker. Hun foreslår også, at de - en gang i fremtiden - flytter sammen. Men da de begge bor i lejligheder, der ikke er store nok, mener hun, at de skal vente til de kan få noget, som er større og bedre. Henrik og Lotte er altså kærester, men de bor hver for sig.

Forholdet går ikke lige godt hele tiden. Nogle gange har de kraftige skænderier, og de ser ikke hinanden i en uge eller to. Men Henrik glæder sig til at blive far, og selv om han ikke havde planlagt, at det skulle ske på denne måde, så accepterer han alligevel det, der er sket. Han kan lide Lotte, men han er usikker på, hvordan fremtiden skal forme sig.

Da Lotte er i syvende måned, skriver hun et brev til Henrik, hvor
hun afbryder forholdet. Hun siger, at hun simpelthen ikke kan holde
ud at skulle skændes hele tiden, og hun mener ikke, at han er klar til
at blive far. Desuden er der »for stor afstand mellem dem«, og hun
mener ikke, at de virkelig holder af hinanden. Han skal »naturligvis
have lov til at se sit barn«, når det bliver født, skriver hun, men ind-
til da vil hun godt have, at han holder sig væk.

Henrik bliver meget oprørt. Han ved godt, at de to er meget forskel-
lige, og at deres forhold ikke har været godt hele tiden. Men de har
jo heller ikke kendt hinanden i særlig lang tid. I hvert fald ønsker
han ikke at blive afskåret fra sit barn. Om han bor sammen med
Lotte, eller er kærester med hende, mener han til gengæld ikke er af
så stor betydning.

Henrik og Lotte ser ikke hinanden i de sidste 2 måneder frem til
fødslen. Han ringer flere gange til hende, men hun ønsker ikke at
snakke med ham. »Det nytter jo alligevel ikke noget«, siger hun og
smækker røret på.

En søndag formiddag bliver Henrik ringet op. Det er Lotte, der rin-
ger fra fødestuen. Hun har nu født deres barn, og det blev en pige.
Lotte fortæller Henrik, at han gerne må komme og se hende, og han
bliver meget glad. Han tager en taxa til fødestuen på Rigshospitalet,
og 30 minutter senere ser han for første og eneste gang sit barn,
som efter hans beskrivelse er »en lille køn pige, der vejer 3.200
gram«. Lotte giver ham lov til at kæle barnet på kinden, men hun
siger, at han ikke må tage hende op. »Hun sover og har ikke godt af
at blive forstyrret«, siger Lotte. Hun siger også, at hun ikke mener,
at Henrik i fremtiden skal have noget med barnet at gøre, for »de
har det ikke godt sammen«. Lotte vil hellere være alene, siger hun.
»Men når barnet bliver større, kan det jo være, at hun selv vil opsø-
ge dig. Det er ikke noget, som jeg vil blande mig i. Det må hun selv
bestemme«.

Henrik ved ikke, hvad han skal gøre. Han opsøger Foreningen Far
for at søge råd, men her kan man ikke gøre andet end at fortælle

ham, hvordan den gældende praksis er. Hvis ikke Henrik har løbende kontakt med barnet fra det er født, og hvis han ikke lever med moderen, har han ingen chance for at få samværsret. Hvis moderen ikke ønsker, at han skal se barnet, kan han altså ikke komme til det. Det bedste råd han kan få er derfor at forsøge at blive gode venner med moderen, og at få hende overtalt til at skifte indstilling, så han kan se barnet og være sammen med det. Men hvordan han skal gøre det, er der ikke nogen, der kan forklare.

Henrik skriver brev til Lotte, og forklarer hvad han mener om situationen. Han erkender, at han ingen rettigheder har, men beder alligevel om at få lov til at se barnet, fordi »hun har bedst af at have både en far og en mor«. Men han får ikke noget svar. Han kører på sin cykel flere gange forbi Lottes lejlighed, men da den ligger på 2. sal, er det ikke meget, han kan se gennem vinduerne. Han stiller sig også op på gaden om morgenen, lidt på afstand, for at få et glimt af Lotte og barnet, når de skal i institution. På denne måde lykkes det ham at få dem at se på ca. 50 meters afstand, når de går fra opgangen og ind i Lottes bil for at køre til vuggestuen.

Henrik har fået fortalt, at han ikke har nogen mulighed for at få tilkendt samværsret via de offentlige myndigheder, men han nægter at tro det. Han kan ikke forstå, hvorfor han ikke må se sit eget barn så han vælger alligevel at søge. På det tidspunkt er barnet 3 måneder gammel. Henrik skriver i sin ansøgning til Københavns Overpræsidium, at han elsker sit barn og at han meget beklager, at det åbenbart ikke er gået så godt med forholdet mellem ham og Lotte. Han har intet imod hende, men hun ønsker åbenbart ikke at have noget med ham at gøre. Han mener ikke, at han har andre muligheder for at få kontakt til sit barn, end at de offentlige myndigheder fastsætter en samværsret, så han - uden at have forbindelse til Lotte - kan få mulighed for at lære sit barn at kende.

Myndighederne sender Henriks brev til udtalelse hos moderen. Lotte svarer, at hun mener, at det er en »fejl«, at hun og Henrik har fået et barn, at hun ikke længere er kærester med ham, og at hun ikke ønsker at have noget at gøre med ham i fremtiden. Da forholdet mellem Henrik og hende - som hun beskriver det - er meget dårligt, mener hun, det er bedst for barnet, hvis der ikke fastsættes samværsret. Desuden mener hun ikke, at der kan være grund til at Henrik skal have samværsret, da han jo »overhovedet intet forhold har til barnet«, som hun siger, fordi han »kun har set hende i en halv time på fødegangen, umiddelbart efter fødslen«. Lotte kræver derfor, at der ikke fastsættes nogen samværsret. Hun skriver også, at hun ikke ønsker at deltage i den rådgivningssamtale, som Overpræsidiet tilbyder hende og Henrik at deltage i, for »der er jo intet formål i at diskutere, når vi alligevel ikke kan blive enige«.

Efter et par måneder skriver myndighederne til Henrik, at der »ikke kan fastsættes samværsret, da det hidtidige forhold mellem barnet og faderen ikke har haft et sådant omfang, at samvær mod moderens vilje, anses for gavnligt for barnet.« Man henholder sig til myndighedslovens § 24, stk. 2, der gør det klart, at der ved afgørelser om samvær hovedsagelig skal lægges vægt på den hidtidige forbindelse mellem barnet og den, der søger samværsret. Da Henrik ikke har haft en sådan forbindelse, kan han ikke få en sådan samværsret.

Henrik bliver mere og mere fortvivlet. Hans forsøg på positive henvendelser til Lotte giver intet resultat, og myndighederne vil ikke hjælpe. Han tænker på sit barn, som han føler, at han elsker, også selv om han kun har set hende en enkelt gang. Han fantaserer om, hvordan barnet ser ud, og han tænker på, om han nogensinde får hende at se. Han bliver skiftevis fortvivlet og rasende over den behandling, han er udsat for, og han føler, at der ikke er nogen retfærdighed til. »Har et barn ikke brug for en far?« spørger Henrik og tænker på, hvad det er for en moral, som får en mor til at afvise at lade et barn se sin far. Henrik skriver også 2 læserbreve, som bliver optaget i et par af landets aviser, og han håber at han ved at gøre offentligheden opmærksom på de urimeligheder, som han er udsat for, vil kunne skabe en ændring. Men der sker intet.

Henrik har ingen kontakt med Lotte og deres barn. Hvert år på barnets fødselsdag sender han gaver til hende, men de bliver returneret uåbnet. Ved juletid sender han et kort til Lotte, hvor han - endnu en gang - beder om at måtte få sit barn at se. Lotte svarer, at hun overhovedet ikke vil have noget med ham at gøre, ikke mindst nu hvor han »forsøger at hetze mod hende med læserbreve i aviserne«. Hun skriver, at dette klart viser det, hun hele tiden har sagt, nemlig at de to ikke kan fungere sammen.

Men Henrik vil ikke give op. Han beslutter sig for personligt at møde op for at forsøge at få lejlighed til at se sit barn. En lørdag morgen kl. 9 ringer han derfor på Lottes dør, og stor er hendes overraskelse, da hun ser ham. Først smiler hun venligt til ham, men efter et øjeblik skifter hun om og bliver meget vred. Hun siger til ham, at hun har fået en anden kæreste, og at hun ikke vil have, at Henrik opsøger hende. Hvis han gør det igen, vil hun henvende sig til politiet for at få dem til at give ham polititilhold (6). Hun siger også, at hun ikke ønsker, at han hverken ringer eller sender pakker eller breve, for det nytter ikke noget. »Vi passer ikke sammen«, siger hun igen, »og nu vil vi have fred. Vi har ikke noget at bruge dig til, så du skal holde dig væk«. Efter disse ord smækker Lotte døren for næsen af Henrik.

Her slutter historien om Henrik og Lotte. Deres fælles barn er nu 4 år gammel, men Henrik har stadig ikke set hende mere end den ene gang på fødestuen. Lotte er i mellemtiden flyttet til en anden by med sin nye kæreste, og Henrik kender ikke hendes adresse. Hans forbindelse til barnet er alene den, at han 2 gange om året skal betale børnepenge, og da kommunen er så venlig at skrive at børnepengene er »til Line«, har han altså fundet ud af, at hans datter hedder Line. Men hvordan hun lever, hvad hun tænker, og hvem der nu er »far« for hende, det ved han intet om. Han har ikke turdet fortsætte forsøgene på kontakt, da hans stilling som tjenestemand vil være i fare, hvis han får problemer med politiet. Desuden har han erkendt, at man alligevel ikke kan få kontakt med barnet, hvis moderen ikke ønsker det. Henrik har derfor - tilsyneladende - givet op. Han tænker på sin datter hver eneste dag, men han ønsker ikke at snakke med andre om det. Følelserne er for traumatiske. Han har startet en børneopsparingskonto til sin datter, og pengene bliver udbetalt, når hun er 18 år. Indtil da regner han ikke med at se hende.

Case 2:

Jesper og Anni

Jesper og Anni boede i Odense og havde kendt hinanden i 5 år, før Anni blev gravid. De var begge i begyndelsen af 30-erne, og ingen af dem havde børn i forvejen. Jesper var uddannet tømrer, og Anni var sygeplejerske.

De første 3 år de kendte hinanden, boede de hver for sig, men da de besluttede, at de ville have barn, flyttede Jesper over i Annis lejlighed. Der var ikke så god plads, men Jesper havde stadig sin egen bolig, og når han en gang imellem følte, at de gik hinanden lidt for meget på nerverne, flyttede han tilbage til sig selv et par dage.

De snakkede meget om, hvordan de skulle arrangere det, når de blev forældre. Anni mente, at de på et tidspunkt skulle købe et hus, men Jesper mente ikke, at de havde råd til det. Han var ikke sikker på sine egne beskæftigelsesmuligheder. Han havde gennem flere perioder gået arbejdsløs, og han spekulerede på, om han skulle tage en anden uddannelse eller måske forsøge sig i et helt andet erhverv.

Da Anni blev gravid, var det som om det gjorde deres forhold dårligere, end det hidtil havde været. De var ikke enige om, hvordan de skulle bo, og når de var sammen i Annis 2-værelses lejlighed, følte de begge, at der var for lidt plads - ikke mindst i de perioder, hvor Jesper ikke havde arbejde, og hvor de derfor var sammen mange timer om dagen.

Men Jesper og Anni var enige om, at deres datter skulle have både en far og en mor, og at de problemer de havde med hinanden ikke skulle gå ud over barnet. De aftalte derfor, at de ville have fælles forældremyndighed, og kort tid efter at deres datter blev født, fik de papirerne på dette i orden.

Men Jesper følte sig mere og mere udenfor. Anni havde barselsorlov, og de gik op og ned af hinanden hver eneste dag. »Hvis du ikke kan holde det ud, kan du jo bare flytte tilbage til dig selv«, sagde Anni til ham gang på gang, og en dag gjorde han det så. Det var kun meningen, at det skulle vare en uges tid eller to, mente Jesper - det var en overgangsperiode. Han lovede Anni, at han ville komme og besøge hende og barnet, så meget han kunne.

I de første 14 dage, hvor Jesper boede for sig selv, besøgte han Anni og barnet 3 gange, men han følte hele tiden, at han var til overs. Anni skældte ham ud for at være for kluntet til at have med barnet at gøre, og hun kritiserede ham for ikke at holde den lille pige tilstrækkelig meget oppe, når hun græd. »Du skulle aldrig have været far«, sagde hun, »du egner dig slet ikke til det«.

Jesper blev efterhånden træt af den megen kritik. Han følte, at han ikke var ikke velkommen, og han besluttede sig derfor til at holde sig helt væk i et par uger. Men det skulle han aldrig have gjort. Da han ringede til Anni igen, var der nemlig sket en ændring, og nu ville hun slet ikke have ham på besøg mere. »Jeg har så meget at lave, at jeg ikke har tid til også at skulle tænke på dig«, sagde hun, når hun skulle forklare, hvorfor han ikke kunne komme på besøg.

Jesper vidste ikke rigtig, hvad han skulle gøre og en dag ringede han til Anni og foreslog, at de skulle lave en samværsordning, så han passede den lille pige en gang imellem, men det forslag afviste Anni helt. »Du egner dig ikke til at have med børn at gøre«, sagde hun - »du har ikke noget ægte forhold til hende, og hun føler sig ikke tryg sammen med dig«.

Jesper kunne mærke, at han var ved at blive lukket ude, og han vidste ikke, hvad han skulle gøre. Han havde fælles forældremyndighed, men han så alligevel ikke sin datter, og Anni var ikke interesseret i at lade ham passe hende. Han henvendte sig derfor til Foreningen Far, hvor han fik det råd, at han skulle forsøge at blive gode venner med Anni. Men hvordan det skulle ske, var der ingen, der kunne forklare ham, for han havde jo - efter egen mening - intet ondt gjort.

Der var nu gået 2 måneder, hvor Jesper ikke havde set sit barn. Han havde håbet, at hvis han bare holdt sig væk, så ville Anni ringe til ham på et tidspunkt, men det skete ikke. Ved den sidste samtale han havde haft med hende, havde han fået oplyst, at hun havde været til rådgivning hos Mødrehjælpen (7), og at hun havde fået at vide, at det var klogere af hende, hvis hun ikke lod ham se datteren for meget. Årsagen til at hun havde fået dette råd, var lidt uklar for Jesper, men han forstod, at det havde noget med samværsret at gøre. Det handlede om nogle regler, som han ikke kendte særlig meget til, og som han heller ikke mente kunne være af relevans for ham, for han havde jo fælles forældremyndighed.

Jesper begyndte efterhånden at se sin situation på en ny måde. Han var uden arbejde, og han tænkte hele tiden på sin datter, som han og Anni for lang tid siden havde besluttet at kalde Caroline. Han savnede hende forfærdelig meget.

På et tidspunkt gik han - uden at være inviteret - op og ringede på døren til Annis lejlighed. Det var ikke Anni, der åbnede, men derimod hendes mor. Det var åbenbart hende, som passede barnet, når Anni ikke var hjemme. Moderen ville ikke lukke Jesper ind og sagde til ham, at Anni havde brudt med ham, og at hun ikke ønskede at se ham mere.

Jesper var chokeret, og vidste ikke hvad han skulle gøre. Han havde fælles forældremyndighed til barnet, men han kunne ikke komme til at se det. Han besluttede sig derfor til at undersøge mulighederne for at få samværsret vha. de offentlige myndigheder, og han henvendte sig til en advokat, som kunne oplyse ham om, at han overhovedet ikke havde mulighed for at få samværsret, så længe han og Anni havde fælles forældremyndighed til barnet. Når man har fælles forældremyndighed betyder det jo, at forældrene har aftalt, at de vil være fælles om barnet, og så er der naturligvis ikke grund til også at lave en resolution om samværsret. Det kan simpelthen ikke lade sig gøre.

Jesper var altså nødt til at få annulleret den fælles forældremyndighed, inden han kunne søge myndighederne om at få samværsret. I samarbejde med advokaten skrev han derfor et brev til Anni, hvor han bad hende om at være med til at få ordningen ophævet, og efter 4 uger fik han brev tilbage fra Annis advokat, som bekræftede, at Anni godt ville gå med til dette. På et retsmøde en måned senere blev den fælles forældremyndighed derefter ophævet.

Jesper kunne nu søge om samværsret, men han havde ikke set sit barn i 5 måneder, og han vidste godt, at det ville blive svært for ham at overbevise myndighederne. Han følte imidlertid, at der måtte være en forskel mellem hans sag og de mange andre, hvor faderen ikke har boet sammen med barnet i tilstrækkelig lang tid, for han havde jo haft fælles forældremyndighed. Han mente, at det måtte tolkes som en accept fra moderens side på, at han skulle have fremtidig kontakt med barnet, og at det måtte tælle til hans fordel. Selv om hun senere havde skiftet standpunkt, mente han derfor, at han måtte have en chance.

Sagen tog ca. 4 måneder for Statsamtet at afgøre. Moderen skrev til sagsbehandleren, at hun mente, at det havde været en fejl, at hun var gået med til fælles forældremyndighed, for »Jesper egner sig ikke som far. Han interesserer sig ikke for barnet og er til mere besvær end gavn, når vi er sammen. Desuden mener jeg, at han har et alkoholproblem og at hans temperament er af en sådan art, at det kan være til skade for barnet«.

Jesper argumenterede naturligvis imod. Han mente ikke, at han havde noget alkoholproblem, og han mente ikke, at hans temperament var anderledes end andre menneskers. Hvis han havde været vred, når han snakkede med Anni, var det ikke fordi at hans temperament var noget specielt, men alene fordi, at han var i den meget frustrerende situation, at hun nægtede ham at være sammen med deres fælles barn.

Inden Statsamtet traf sin afgørelse, tilbød de - som de plejer - Jesper og Anni at komme til familiesagkyndig rådgivning, men det blev ikke til noget, for Anni afviste at medvirke. »Det er der ingen grund til«, sagde hun, »for det løser alligevel ikke nogle problemer«.

Efter dette var der kun tilbage at vente på afgørelsen, og den kom snart efter og var, som han havde frygtet. Han kunne ikke få samværsret, fordi en sådan - efter myndighedernes mening - »ikke burde fastsættes mod moderens vilje, især i betragtning af den manglende forbindelse, der hidtil har været mellem far og datter«.

Efter denne afgørelse vidste Jesper ikke mere, hvad han skulle gøre. Han gik igen til rådgivning i Foreningen Far, men her kunne man ikke råde ham til andet end til at væbne sig med tålmodighed, og at søge at gøre opmærksom på sin sag, for at lægge et pres på politikerne, så loven kunne blive lavet om. Desuden fik han endnu en gang at vide, at han på alle måder måtte forsøge at blive gode venner med moderen, da det ikke så ud til, at der ville være nogen måde at få genetableret kontakten mellem ham og barnet, uden at moderen accepterede det.

Men Anni havde ikke til hensigt at ændre sin indstilling. Nu - 2 år senere - bor hun, så vidt Jesper ved, stadig alene med barnet. Men alle henvendelser af telefonisk eller skriftlig art bliver afvist. Da Jesper for tredje gang - uden at være blevet inviteret - opsøgte moderen på hendes adresse, truede hun med at rette henvendelse til politiet og Jesper vidste, at det kunne betyde, at han blev tildelt politi-tilhold i 5 år. Det ønskede han naturligvis ikke.

På tidspunktet hvor dette skrives, har Jesper ikke set sit barn i næsten 3 år. Via en fælles bekendt har han fået at vide, at Anni i flere perioder har været indlagt på psykiatrisk afdeling for at blive behandlet for »depressioner«. Hvor barnet har været i disse perioder, ved han ikke. Han tør ikke henvende sig til hende på hverken den ene eller anden måde. Han tænker på sin datter hver eneste dag, og han er bitter. Han forstår ikke, hvad der er gået galt, og han ved ikke, hvordan han skal komme af med sit raseri. Han har ofte fantasier om vold og bortførsel, men han ved, at det ikke vil hjælpe ham. Han har rettet henvendelse til Ombudsmanden og til diverse politikere. Alle steder er han blevet mødt med forståelse og medfølelse, men ingen kan hjælpe ham. Justitsministeren har fortalt ham, at der er nedsat en kommission, som skal se på de gældende regler, men hvornår der kommer en revision af loven, og hvad den kommer til at gå ud på, er der ingen, der ved.

Jesper er i tvivl, om hvad han skal gøre med sit liv. Når han ikke kan få sin egen datter at se, er det som om at alting er mere eller mindre ligegyldigt.

Case 3:

Ole og Zenta

Ole er økonom af uddannelse og ansat som lærer ved en handelsskole. Han er 40 år, har en datter på 15 år fra et tidligere ægteskab, men hun bor hos moderen. Ole har - efter skilsmissen - boet i 7 år sammen med en pige, som nu er flyttet fra ham, da hun mødte en anden. I det sidste år har han været alene.

Ved en nytårsfest hos nogle venner møder han Zenta, som er en særdeles køn pige på 34 år, og de indleder et seksuelt forhold. Hun fortæller, at hun arbejder som ekspeditrice og ved siden af dette tjener penge som model. Hun har ingen børn, men siger, at hun håber at få det, når hun finder »den rette mand«.

Ole og Zentas forhold varer i 8 uger. De er sammen i alt 10-12 gange, før Ole vælger at afbryde det. Han har fundet ud af, at Zenta er tidligere stofmisbruger, og han har en fornemmelse af, at hun lejlighedsvis arbejder som eskortpige, eller »prostitueret«, som han opfatter det. Inden bruddet diskuterer de naturligvis hendes forhold, og hun indrømmer, at hun har kendt en del velhavende mænd, men hun mener ikke, at det har været prostitution. »Hvis begge parter er tilfredse, så er der vel ikke noget galt i, at det kun er den ene, som betaler regningerne«, siger hun, »og du ved jo, at jeg ikke har mange penge«.

Tre uger efter at Ole har afbrudt forholdet, ringer Zenta til ham og fortæller, at hun er gravid, og at det er ham, som må være far. Hun gør med det samme klart, at hun agter at føde barnet, da hun - som han ved - gennem lang tid har ønsket at få et barn. »Jeg tror, at du har gode gener« siger hun, »og du behøver slet ikke at bekymre dig, for jeg skal nok klare det helt alene. Du behøver ikke en gang at betale børnepenge, for jeg har ikke tænkt mig at fortælle myndighederne, hvem faderen er« (8).

Ole ved ikke, hvad han skal gøre. Han har ikke noget mod at få et barn mere, men det skulle naturligvis helst ikke have været på denne måde. Efter at have tænkt sig om i en uges tid, ringer han til Zenta og fortæller, at han ikke bryder sig om den ordning, hun har tænkt sig. Han mener, at barnet har krav på en far, og han mener nok, at han skulle have råd til at betale børnepenge. Hvis hun ikke vil fortælle myndighederne, at han er far, så skal han nok selv gøre det.

Ole og Zenta mødes flere gange for at diskutere fremtiden. Han tilbyder hende at flytte ind i hans hus i Lyngby, men hun er ikke interesseret. »Vi passer ikke sammen«, siger hun, »for du nedvurderer mit arbejde og alt det, jeg står for, fordi jeg ikke er så klog og rig som dig og har en lige så fin uddannelse.«

Ole ved ikke, hvad han skal gøre. Han føler allerede nu, syv måneder før barnet bliver født, den dårlige samvittighed. Han er medansvarlig for et endnu ufødt barn, og han kan ikke se, hvordan han skal kunne komme til at spille en rolle i dets tilværelse.

Zenta fortæller en dag i telefonen, at hun er blevet fyret fra sit job som ekspeditrice, og at hun nu er nødt til at gå på bistandshjælp. Ellers kan hun ikke forsørge sig selv. Ole tilbyder endnu en gang, at hun kan flytte fra sin 1-værelses lejlighed på Amager til hans parcelhus i Lyngby, men det ønsker hun ikke. »Du må gerne sende mig nogle penge«, siger hun, »for dem kan jeg godt bruge. Men jeg vil ikke bo sammen med dig, for det eneste du ønsker er jo at tage barnet fra mig. På et tidspunkt vil du bare smide mig ud, og anklage mig for alt muligt og så vil du forsøge at få barnet tvangsfjernet på en eller anden måde, eller selv at få forældremyndigheden.....for du er jo en fin mand, og jeg er bare en ex-narkoman, så jeg ved godt, hvordan det vil gå. Barnet er mit, og det skal det blive ved med at være«.

Sidste gang Ole hører fra Zenta er 2 måneder efter fødslen. Hun sender ham et foto af barnet - en dreng - og skriver, at de begge har det godt, og at barnet skal navngives efter Zentas nu afdøde far, og at han skal hedde Morten. I øvrigt har Zenta mødt en anden fyr, som hun er begyndt at komme sammen med. »Du skal ikke bekymre dig«, skriver hun, »Morten har det fint, og du har jo selv valgt, at du ville betale børnepenge. Du skal ikke regne med at se ham foreløbig, for han skal bo hos mig, og han har ikke noget at bruge dig til. Min nye ven er i øvrigt en glimrende far for ham, og det er nok«.

Ole har allerede flere gange været til advokat og til personlig rådgivning hos forskellige eksperter i familieret. Svaret er klart alle steder. Han har ingen ret til at se sit barn, hvis ikke Zenta mener, at han skal have lov til det. Det at han har et godt job, og at hun er ex-narkoman og prostitueret betyder intet. Det, det drejer sig om, er om han har haft kontakt med barnet - og det har han ikke. Han har altså ingen rettigheder ud over den, at han skal betale sine børnepenge. Han har end ikke ret til at vide, hvor Zenta og hans søn nu bor.

Ole laver alligevel en ansøgning om samværsret, og han får afslag. Han anker den til Civilretsdirektoratet, og der får han også afslag.

To år senere tager han sit eget liv.

Case 4:

Jakob og Eva

Jakob og Eva havde mødt hinanden på en danserestaurant i København. Han var 39, og hun var 35 og - som Jakob beskrev det - havde det været kærlighed ved første blik. De udvekslede telefonnumre, og inden der var gået 14 dage, var de blevet kærester.

Den første tid Eva og Jakob var sammen tilbragte de mest hos hende. De snakkede meget om deres fremtid, og allerede efter kort tid var det klart for dem begge, at de ønskede at få et barn, og at det gerne måtte gå hurtigt. Efter 5 ugers bekendtskab flyttede de derfor sammen i Jakobs lejlighed.

Hverken Eva eller Jakob havde indtil nu haft den store succes som samlevere. Hun havde indtil for et halvt år siden boet sammen med en mand, men forholdet var gået i opløsning, da det blev klart, at manden - på grund af en sygdom - ikke kunne få børn. Jakob havde i de forløbne år levet sammen med forskellige piger, men aldrig i så lang tid, at der var kommet børn ud af det.

Både Jakob og Eva var meget selvstændige mennesker, og det var svært for dem pludselig at skulle tilpasse sig hinanden i en lille lejlighed. Allerede efter 14 dage havde de det første store opgør, og Eva blev så vred, at hun pakkede sine ting og flyttede »hjem« igen til den bolig, hvor hun havde boet med sin tidligere samlever. Efter et par dage blev de dog gode venner igen, og hun flyttede tilbage til Jakob. Sådan fortsatte det i et par måneder, hvor de to skiftevis boede sammen og hver for sig.

En dag skete så det, de begge havde ønsket sig, men som de ikke
rigtig havde snakket om, siden de mødtes. Eva fortalte, at hun var
blevet gravid.

Nu var tiden inde, hvor der måtte findes en løsning på de praktiske
problemer og Jakob foreslog, at de giftede sig. Men det ville Eva
ikke. Hun sagde, at hun ikke var sikker på, at hun overhovedet ville
blive boende med Jakob, for hun mente, at hun ville få det lettere,
hvis hun havde sin egen lejlighed, og det havde hun faktisk søgt om
at få. Boligen, hvor hun havde boet med sin tidligere kæreste, var
nemlig sagt op. I øvrigt var hun slet ikke sikker på, at hun ville ha-
ve barnet, sagde hun, for hun mente, at der var så mange problemer
i Jakobs og hendes forhold, at det måske var bedre, hvis hun fik en
abort. Jakob måtte erkende, at de ikke havde haft det helt let i de 3
måneder, de havde boet sammen, men han mente, at de alligevel
skulle fortsætte. Abort var han meget modstander af. »Abort er
mord«, var hans synspunkt, »hvis man er i stand til at lave et barn,
så må man også være i stand til at tage ansvar for det. Man kan ikke
bare slå barnet ihjel, fordi man har problemer med sin partner«.

Efter lange overvejelser besluttede Eva, at hun alligevel ikke ville
have abort, men hun holdt dog fast ved, at hun ville flytte i sin egen
lejlighed, hvis hun kunne få en sådan - og det fik hun. Da hun var i
6. måned, flyttede hun derfor. Hun kunne naturligvis ikke selv bære
de mange ting, men Jakob hjalp. Som han opfattede det, var de sta-
dig kærester, men nu boede de bare hver for sig.

Eva og Jakob glædede sig begge til fødslen. De besøgte fælles ven-
ner og familie, og de sov sammen et par gange om ugen. De gik og-
så til læge og til fødselsforberedelse sammen og de købte børneud-
styr - ikke kun til Evas lejlighed, men også til Jakobs. Der skulle
nemlig være mulighed for at være sammen med hinanden og barnet
begge steder, var de enige om.

Da Eva skulle føde, bad hun Jakob om at være til stede, hvilket han
havde udtrykt, at han meget gerne ville. Jakob deltog altså i føds-

len, og han besøgte Eva og barnet - en søn - hver dag på fødegangen.

Eva boede nu i sin egen lejlighed, og da Jakob kørte hende og barnet hjem fra fødeafdelingen, sagde hun, at han naturligvis kunne komme og besøge hende og barnet så tit han ville. Hun ville også gerne have, at han deltog i det praktiske arbejde, men hvordan det i praksis skulle foregå var ikke helt klart.

I de første 4 uger fungerede forholdet nogenlunde. Jakob kom og besøgte Eva og barnet et par gange om ugen og overnattede flere gange i hendes lejlighed. Tilsyneladende gik det, som de havde aftalt. Men så skete der en ændring. En dag da Jakob ringede for at komme på besøg, fik han den besked i telefonen, at »du skal ikke komme og besøge os, for du må ikke se ham mere!«. I første omgang troede han, at Eva lavede sjov, og han lod som ingenting. Men da han ringede et par dage senere, fik han den samme besked: »Du skal ikke komme og besøge os, for du skal ikke have noget med mit barn at gøre«. Jakob undrede sig over udtrykket »mit barn«, for han opfattede bestemt ikke barnet som Evas alene. Han var vel lige så meget far, som hun var mor, mente han.

Da Eva i to uger havde fastholdt det standpunkt, at Jakob ikke mere måtte se barnet, besluttede han at søge om samværsret hos myndighederne. Det var den eneste mulighed, han kunne finde, hvis han skulle opretholde kontakten med sin søn. Han fik derfor tilsendt de nødvendige papirer og skrev en pæn ansøgning til Overpræsidiet i København.

Men Eva mente ikke, at han skulle have samværsret. Hun skrev i sine svar til myndighederne, at hun mente, at det var et uheld, at hun var blevet gravid. Jakob kunne slet ikke lide hende, mente hun, og han havde i øvrigt været »utro«, og han var »slet ikke i stand til at passe et lille barn«. Overpræsidiet tilbød - som de plejer - parterne at deltage i rådgivningssamtaler med en psykolog eller en jurist, men dem ønskede Eva ikke at være med til.

Efter at sagen havde været behandlet i et par måneder, fik Jakob myndighedernes afgørelse, hvor de fastslog, at samlivet mellem forældrene havde været kortvarigt, og at man »på baggrund heraf ikke har fundet, at Deres forbindelse med barnet har været af en sådan karakter, at samværsret mod moderens protest bør fastsættes«.

Jakob følte sig stærkt krænket af denne afgørelse, men han kunne ikke gøre noget ved det. Eva ønskede ikke, at han fik samværsret, og hun ville - tilsyneladende - være alene med barnet. Hvorfor hun ikke ville have, at han så barnet, kunne han ikke forstå. Utro havde han i hvert fald ikke været og hun vidste lige så godt som han, at han havde glædet sig til at blive far, og at han elskede deres søn lige så meget som hun selv.

Efter afgørelsen tænkte Jakob meget grundigt over sin situation. Juridisk set havde han ingen ret til at holde kontakt med sit barn og alle hans forventninger, de løfter som han og Eva havde givet hinanden, og hans kærlighed til barnet havde åbenbart ingen betydning. Det hele drejede sig om magt og om hvem, der havde retten på sin side, og det var der ingen tvivl om, at Eva havde. Hvis hun ikke ønskede, at han skulle se barnet, kunne hun forhindre ham i det.

Jakob ville imidlertid ikke give op, og i de kommende 2 år besøgte han, mere eller mindre på eget initiativ, Eva og deres søn, som Eva i mellemtiden havde besluttet skulle hedde Rasmus. Han ringede ikke og spurgte om lov til at komme på besøg, for hvis han gjorde det, vidste han, at Eva simpelthen smækkede røret på. Han var altså nødt til at komme uanmeldt.

Resultaterne af de uanmeldte besøg var forskellige. Mange gange blev døren ikke lukket op, men andre gange fik han lov til at komme ind. Alt i alt var de sammen ca. hver 14. dag. Jakob og Rasmus havde det meget fint med hinanden, men hver gang Jakob skulle hjem, var Rasmus ulykkelig og græd. Det var ikke rart.

Det var ikke kun Jakob, som tog initiativerne til samvær. En gang
imellem skete det også, at Eva ringede til ham og inviterede ham på
besøg. Men besøgene foregik altid ved, at han først blev kropsvisi-
teret, for - som Eva sagde - »det kunne jo være, at du havde en
båndoptager. For jeg ved jo godt, at du kun kommer for at få sam-
værsret!«.

Eva lagde ikke skjul på, at hun havde været til rådgivning, både på
den lokale socialforvaltning og hos Mødrehjælpen. Hun kendte reg-
lerne og vidste, at hvis Jakob kunne bevise, at han havde løbende
kontakt til sin søn, ville han på et tidspunkt - før eller senere - kun-
ne få samværsret med barnet, og det ønskede hun ikke, at han skul-
le have. I det hele taget blev hun stadig mere negativ overfor hans
besøg. Hun sagde, at hun havde genoptaget kontakten til sin tidlige-
re samlever, og hun ønskede ikke, at Jakob skulle forstyrre, når han
alligevel ikke havde nogen ret til at se barnet. Da Jakob alligevel
blev ved med at komme på sine uanmeldte besøg, kontaktede hun
politiet for at søge at få dem til at give ham en advarsel.

I første omgang var politiet lidt tøvende. Jakob blev hentet til afhø-
ring, men nogen advarsel (tilhold) blev det ikke til. Først da Eva
havde henvendt sig tre gange til dem, og da hun hævdede, at hun
følte sig »truet« af Jakobs forsøg på at holde kontakt med barnet,
blev der udstedt tilhold. Jakob måtte, i henhold til dette, ikke opsø-
ge Eva i 5 år og kunne - hvis han forsøgte - straffes med bøde eller
fængsel.

På dette tidspunkt var Rasmus 2 år gammel, og Jakob forsøgte end-
nu en gang at søge om samværsret. Han havde nu polititilhold mod
at opsøge Eva, men til gengæld kunne han fortælle, at han faktisk
havde haft talrige kontakter til Eva og barnet i de 2 år, der var gået.
Han kunne tilmed fremlægge ikke mindre end 13 vidneer-
klæringer, der samstemmende kunne dokumentere, at han havde
været sammen med sin søn.

Det hjalp dog ikke. Endnu en gang fik han afslag på sin ansøgning
og med nogenlunde den samme begrundelse som første gang. Der

havde været for lidt samvær mellem ham og barnet og den måde
det var foregået på var forkert. Han måtte altså holde sig væk i
fremtiden og nøjes med at betale sine børnepenge. Hans søn - som
han elskede - måtte han ikke se mere.

Jakobs kontakt til sin søn er i dag minimal. Han har ikke set ham i 4
år, og han ved ikke, hvordan han ser ud. Eva har han heller ikke set
eller snakket med. Så vidt han ved, er hun flyttet sammen med en
fyr.

Jakob tænker på sin søn hver eneste dag, men han ønsker ikke at
snakke om det. Han er bitter. Ikke så meget på Eva, men på de
myndigheder, der forhindrer ham i at se sit barn. »Hvis jeg havde
fået samværsret allerede første gang, jeg søgte, ville vi ingen pro-
blemer have haft« siger han. »Jeg vil jo bare se mit barn. Hvis Eva
hellere vil leve alene eller sammen med en anden, må hun gerne
det«.

Jakob er stadig aleneboende. Han sender gaver til Rasmus til jul og
fødselsdag. Det samme gør Jakobs mor, altså Rasmus's bedstemor.
Hun har set sit barnebarn ca. 10 gange, inden han blev 2 år, men
derefter er hun lukket ude lige som Jakob.

Eva har forsøgt at få politiet til også at give Jakob tilhold mod at
sende gaver til Rasmus. Hun siger, at gaverne generer hendes for-
hold til barnet. Politiet var i første omgang da også positivt stemt
overfor hendes ønske, og de udstedte et sådant tilhold. Men da Eks-
tra Bladet begyndte at skrive om historien, ændrede de deres be-
slutning. Jakob må altså gerne sende gaver til sin søn, men han må
ikke se ham. Politiet har i øvrigt fortalt ham, at Eva smider gaverne
væk. Hun ønsker nemlig ikke, at Rasmus skal vide, at han har en
far som holder af ham. Han skal i det hele taget slet ikke forstyrres,
nu da hun arbejder på, at han skal få et godt forhold til sin »nye
far«, som - så vidt Jakob ved - er den samme, som Eva levede
sammen med, inden hun mødte Jakob.

Jakob husker, at Eva fortalte, at hun var flyttet fra denne mand, fordi han ikke kunne få børn. Han havde fået en »sygdom«, som gjorde det umuligt.

Nu har hun løst problemet på helt sin egen måde!

Case 5:

Jens og Karen

Jens er journalist, 43 år og har indtil for 2 år siden boet sammen med en pige, som på det tidspunkt blev dræbt ved en trafikulykke. Han er barnløs.

En dag læser han i avisen en annonce, der lyder: »Attraktiv kvinde på 35 år søger kæreste og far til mit kommende barn. Bill. mrk. xxx«. Jens svarer på annoncen, og efter en uge bliver han ringet op af en kvinde, der præsenterer sig om Karen. Hun foreslår, at de mødes, hvilket sker den førstkommende lørdag formiddag i Jens's lejlighed.

Karen, der er en køn og tiltrækkende kvinde, forklarer, at hun har levet i forskellige parforhold, men at hun ikke har fået børn endnu. Da det er hendes højeste ønske at blive mor, ønsker hun at etablere et forhold til en mand, som vil være med til dette projekt. Om de lever sammen eller ej, er ikke det vigtigste, bare de er enige om, at de vil have et barn så snart som muligt. I øvrigt kan hun oplyse, at hun er uddannet som socialpædagog, og at hun er ansat på et behandlingshjem for handicappede. Hun bor i en 3-værelses lejlighed på Christianshavn sammen med en veninde.

Jens kan godt lide Karen, og efter at de har snakket med hinanden et par gange, indleder de et seksuelt forhold, som i løbet af 3 måneder resulterer i, at hun bliver gravid. Jens har ikke noget imod at blive far, tværtimod glæder han sig. Han ved, at Karen ikke har tænkt sig, at de skal flytte sammen, så han må bare lade tingene ske. Hvis Karen er sikker på, at hun kan passe deres barn alene, så behøver han jo ikke at bekymre sig, tænker han. Hun har i øvrigt flere gange under deres samtaler givet udtryk for at barnet - naturligvis - har brug for en far, og at hun derfor regner med, at han vil passe barnet en gang imellem.

Nu da Karen er blevet gravid, bliver det hele imidlertid anderledes end Jens havde tænkt sig. Det var lige som om, det havde været for sjov indtil nu, tænker Jens, men nu var det blevet alvor. Han vil derfor godt vide, hvordan Karen har tænkt sig, at de skal være sammen om barnet. Men det ønsker hun ikke at diskutere. Hun beroliger ham og siger, at hun nok skal klare det praktiske. Han skal ikke være nervøs, og han kommer måske slet ikke til at få særlig meget med barnet at gøre. Barnet er først og fremmest hendes, forklarer hun og tilføjer: »Det er, som jeg forklarede i annoncen og i vores indledende samtaler«.

Kontakten mellem Jens og Karen bliver stadig mindre hyppig, og det går gradvis op for Jens, at hun i virkeligheden lever i et kvinde- fællesskab med veninden, som bor i hendes lejlighed. Om de er lesbiske ved han ikke, men han mener, at det ligner noget sådant. Det vil Karen dog ikke give ham ret i. »Jeg vil bare have mit barn for mig selv«, siger hun, »og så skal du ikke bekymre dig mere om det«.

Jens hører intet fra Karen i 6 måneder, men en dag ringer hun og spørger, om han vil have, at hun opgiver ham som fader. »Hvis jeg ikke gør det, kommer du ikke til at betale børnepenge«, siger hun, »men så kan du selvfølgelig heller ikke få samværsret, hverken nu eller senere«. Jens tænker sig om et par dage og beslutter sig så for, at han gerne vil opgives som far. Han vil bede Karen om, at de kan aftale en form for samværsret mellem ham og barnet så hurtigt som muligt. Men Karen vil ikke lave nogen aftale om samvær. »Det må vi snakke om på et senere tidspunkt«, siger hun.

Jens er nu blevet far. Han har endnu ikke set sit barn, men han har fået et brev, hvor Karen fortæller, at det blev en dreng, og at han skal hedde Joachim. Jens har ringet og skrevet mange gange til Karen, for at forsøge at få en konkret aftale om samvær mellem ham og barnet, men hun er ikke interesseret.

Efter at være blevet rådgivet hos en advokat, kan Jens godt se, at hans chancer for at få samvær er minimale. Han sender dog en ansøgning til Københavns Overpræsidium, men - som forventet - får han afslag. Han har jo ingen hidtidig kontakt haft med barnet, så han kan ikke få nogen form for samværsret.

I dag er det 3 år siden, at Jens blev far. Han har endnu ikke set sit barn, og han har ikke udsigt til at komme til det foreløbig. Karen og hendes veninde er flyttet til en anden by, og han kan ikke få oplyst hvor. Han betaler sine børnepenge, men har mistet håbet om nogensinde at få sit barn at se.

5. LOV OG FAGKUNDSKAB

Indtil nu har jeg redegjort for 5 konkrete sager, der alle endte med, at en fader måtte se i øjnene, at han ikke kunne skabe eller fastholde kontakten til sit lille barn. Om det er rigtigt eller forkert, at disse fædre ikke har fået mulighed for at se deres børn, er først og fremmest et moralsk spørgsmål. Juridisk set er det nemlig meget simpelt, i hvert fald hvis man holder sig til de gældende bestemmelser i myndighedsloven. Paragraf 23 og 24 i denne lov lyder sådan:

> *§ 23: Barnets forbindelse med begge forældre søges bevaret ved, at den, der ikke har del i forældremyndigheden, har ret til samvær med barnet.*

> *§ 24: Statsamtet træffer efter anmodning afgørelse om omfanget og udøvelsen af samværsretten og kan fastsætte de nødvendige bestemmelser i forbindelse hermed.*

> *Stk. 2: Statsamtet kan afslå at fastsætte samværsret og kan ændre eller ophæve en afgørelse eller aftale om samværsret, hvis hensynet til, hvad der er bedst for barnet, taler derfor. Ved afgørelsen tages navnlig hensyn til den pågældendes hidtidige forbindelse med barnet.*

Det er den sidste sætning i § 24, stk. 2, som er afgørende for alle de sager, som er gennemgået i denne bog. Det er her, man finder den såkaldte »et-års regel« eller »stk. 2-regel«, som betyder, at en fader skal have boet med sit barn i mindst 6 måneder, hvis han skal kunne få samværsret. Hvis han ikke har boet sammen med barnet i en periode af denne længde, f.eks. fordi moderen har lukket ham ude, så kan han ikke få samværsret. Det er altså i realiteten moderen, som bestemmer, om faderen skal se sit barn. Barnet har ingen personlige rettigheder i denne forbindelse.

Da loven blev vedtaget i 1985, byggede man - efter sigende - på en betænkning, hvori en såkaldt specialistgruppe havde udtalt sig om, hvordan man bedst kunne skabe fungerende samvær mellem børn og forældre, efter at de sidstnævnte var gået fra hinanden. Hovedsynspunktet var det, at et barn altid har ret til to forældre. Men der var undtagelser, mente forfatterne, og det drejede sig f.eks. om de tilfælde, hvor

> *»kontakten mellem barnet og den anden af forældrene har været så ringe, at en samværsret ikke vil være bedst for barnet«. (9)*

Hvis faderen ikke allerede har kontakt, skal han heller ikke have det i fremtiden. Det er det synspunkt, som man kom frem til!

Hvad de mennesker, der skrev dette, har tænkt på, ved jeg ikke, men sjældent har en formulering i en betænkning haft så vidtgående og negative konsekvenser for børns ret til to forældre. Resultatet har været tusindvis af ufrivilligt faderløse børn og lige så mange fædre, som uden saglige hensyn - bortset fra moderens negative indstilling - er blevet forhindret i at leve op til den faderrolle, som de selv har ønsket.

Men hvor kommer mon den syge tanke om, at børn ikke har brug for en far fra? Svaret er: Fra »eksperterne«.

En betænkning af ovenstående art laves naturligvis ikke, uden at man spørger sig for hos såkaldte børnesagkyndige, som hævder at vide, hvad der er godt for børn. Lad os derfor - som et eksempel - se, hvad et af disse spændende mennesker mener om børns forhold til deres fædre. Det kan måske give os en forståelse af, hvorfor situationen er, som den er.

Den person jeg har valgt hedder Rikke Schwartz. Hun har gennem en del år været ansat som »børnesagkyndig« (10) psykolog på et stort hospital, og denne vigtige stilling har hun naturligvis fået, fordi hun anses for meget klog, når det drejer sig om børns vilkår og trivsel.

I Dansk Psykologforenings tidsskrift »Psykolog Nyt«, skrev denne
specialist for et par år siden således:

> *»samvær mellem små børn og deres fædre bør kun etableres*
> *under visse betingelser.....værdien af en kontakt er betinget af,*
> *om der er etableret en tilknytning mellem far og barn, og en*
> *sådan kan man næppe tale om, før barnet er omkring et år.«*
> *(11)*

Er det ikke genialt? Nøjagtig sådan er loven jo udformet. Hvis ikke
faderen fra starten får kontakt med barnet, så skal han heller aldrig
have det - det siger psykologien selv!

Gad vide om Rikke Schwartz har den samme opfattelse, når det
drejer sig om barnets forhold til moderen? Hvis barnet ikke allerede
fra fødslen har tæt kontakt med sin moder, er det så bedst tjent med
overhovedet ikke at komme til at lære hende at kende? Det må jo
være den logiske konsekvens af hendes tanker.

For et par år siden skrev jeg til en række fagpsykologer, herunder
til Rikke Schwartz. Jeg spurgte dem, om de kunne henvise mig til
litteratur eller undersøgelser, der kunne bekræfte den opfattelse,
som Rikke Schwartz giver udtryk for - altså at et barn ikke har brug
for sin far, hvis det ikke kender ham i forvejen. Svaret var det
samme fra alle sider: Ingen kunne henvise mig til sådanne undersø-
gelser, og ingen kunne finde en faglig begrundelse for dette syns-
punkt - heller ikke Rikke Schwartz selv!

Da jeg ikke selv er psykolog, er jeg naturligvis afskåret fra at delta-
ge i den »faglige diskussion« i disse kredse. Jeg må bare konstatere,
at man åbenbart ikke har behov for hverken empirisk eller viden-
skabeligt belæg, når man udtaler sig. Heller ikke selv om sådanne
udtalelser har vidtrækkende konsekvenser for tusinder af børn og
fædre, som rammes af den lovgivning, der kommer ud af de såkald-
te psykologiske overvejelser.

Rikke Schwartz repræsenterer den feministiske og faderfjendske holdning, som udspringer af 70-ernes kvindeoprør. Denne ideologi sætter »kvindens frigørelse« som det højeste mål - uanset hvilke omkostninger det måtte påføre andre. Abort er naturligvis en fast bestanddel af trosgrundlaget i disse kredse, men også for de børn, der får lov til at leve, gælder den enkle regel: Hvad der er godt for mor er godt for alle! Hvis mor ikke kan lide far, har barnet altså bedst af ikke at se ham.

Foruden Rikke Schwartz, som har bidraget med såkaldt »videnskabelig« legitimering af de feministiske standpunkter, tæller den kreds af kvinder, der - ideologisk set - står bag den nugældende myndighedslov mange kendte notabiliteter. Personer som Hanne Reintoft (tidligere direktør i Mødrehjælpen) og Tine Bryld kender de fleste, men også andre kunne nævnes.

Det skal retfærdigvis siges, at det ikke er alle de såkaldte fagfolk, som er enige med Rikke Schwartz. Hun repræsenterer den dominerende fløj, som står bag den nugældende lovgivning og praksis m.h.t. at nægte de tidligt udelukkede fædre samværsret, men hun repræsenterer ikke alle.

Børnepsykiateren Gideon Zlotnik er en af dem, der stærkest har kæmpet for at skabe bedre forståelse for børns, og især drenges, behov for maskulin kontakt. Han har skrevet en udmærket bog om dette emne (12), og han har i aviser og TV talt for, at samfundet bør gøre det lettere for fædre at beholde kontakten til deres børn, også efter en skilsmisse.

Gideon Zlotnik siger, at:

> *»Vi er ved at ende i det faderløse samfund, hvor enlige mødre i stort tal vil øge drengenes i forvejen udtalte skrøbelighed......Drenge med identitetsproblemer kommer i forvejen typisk fra hjem med enlige mødre.«*
> *(Politiken, 11.7.86).*

På dette grundlag mener Zlotnik, at samfundet bør give bedre be-
tingelser for, at familier kan holde sammen, og - hvis det alligevel
ikke kan lade sig gøre - for at fædre kan bevare kontakten til deres
børn, uanset om de har forældremyndighed til dem eller ej. Men
Zlotnik konstaterer også, at tilstandene i dag er sådan, at:

>>*fraskilte mænd er retsløse, og helt underlagt kvindens luner i
forhold til børnene. Den praksis, der gælder, tager udgangs
punkt i, at mænd er uegnede til at passe deres små børn.*<<

(Berlingske Tidende, 30.6.91)

Så længe man ansætter såkaldt >>børnesagkyndige<< psykologer, hvis
opfattelse er, at et barn ikke har brug for en far, så er der ikke grund
til optimisme. Motiverne hos Rikke Schwartz og hendes menings-
fæller kender jeg ikke. Dem skal man vist være psykolog for at
kunne udtale sig om!

6. BØR ALLE FRASKILTE FÆDRE HAVE SAMVÆRSRET?

I diskussioner om fædres ret til samvær med deres børn er jeg ofte stødt på spørgsmålet: »Skal alle fædre automatisk have samværsret?«

Svaret på dette spørgsmål er »nej«.

De fædre, som er nævnt i denne bog, er naturligvis ikke repræsentative for alle. Enhver ved, at der også findes fædre, som svigter deres børn, og som ikke er interesseret i at have samvær, og der findes fædre, som er voldelige, syge eller i en sådan sindstilstand, at samvær under normale betingelser ikke kan etableres.

Når det drejer sig om lovbestemt samvær, fastsat ved resolution, mener jeg, at der er to grupper fædre, som ikke bør kunne få en sådan ordning. Den ene er de fædre, som aldrig har vist interesse for at tage del i ansvaret for deres børn, men som så pludselig, af en eller anden årsag, skifter mening. En dag kommer de i tanker om, at de nu alligevel gerne vil have kontakt, og så ringer og skriver de til moderen eller sender ansøgning til myndighederne, som de forventer skal lave en samværsordning.

Hvordan moderen reagerer i denne situation er sikkert meget forskelligt, men det kommer ikke sagen ved. Myndighederne bør i hvert fald ikke give samværsret, da det ikke er sandsynligt, at faderens interesse for at påtage sig et ansvar er seriøst. Samværsordninger er jo til for at blive overholdt, og hvis faderen ikke kan forventes at overholde ordningen, er det næppe til gavn for barnet, at den etableres.

Den anden gruppe fædre, som heller ikke bør have lovbestemt samvær, er de voldelige og svært alkoholiserede fædre, som ikke kan forventes at passe ordentligt på deres børn. Men her skal man være varsom. Mandens personlige væremåde og hans uvaner må naturligvis ikke blive bedømt ud fra moderens udsagn alene. I dag er det en administrativ afgørelse at tage stilling til disse alvorlige forhold. Det er i sig selv en hån mod både barnet og forældrene. Det bør naturligvis være en domstol, som afgør, om der er basis for samvær eller ej. Det skal være muligt at føre vidner, og faderen skal gives en fair mulighed for at modbevise de beskyldninger, som moderen retter mod ham. Hvis han kan overbevise dommeren om, at beskyldningerne er forkerte, bør han naturligvis have samværsret. Hvis de indeholder en vis sandhed, men han kan sandsynliggøre, at han har forbedret sig og lagt de dårlige vaner på hylden, så skal han også have mulighed for at få begrænset samvær. Dette kan f.eks. foregå under beskyttede forhold, hvor der er professionelle til stede for at sikre, at der ikke sker barnet noget ondt. Hvis det går godt, så kan ordningen senere udvides.

Alle fædre skal altså ikke automatisk have samværsret. Det bør kun gælde for dem, som allerede fra barnets fødsel har tilkendegivet, at de ønsker dette samvær. Og forudsætningen er den, at de er i en sådan tilstand, at de kan klare det, og at dette samvær er til gavn for barnet.

Hovedreglen må være, at en far som ønsker det, altid kan få samvær med sit barn, også selv om han ikke er helt perfekt. Det er moderen jo heller ikke. En dårlig far er i reglen bedre end slet ingen.

7. ER KVINDER ONDE?

Det er ikke svært at forstå, at de mænd, der oplever at blive afskåret fra deres børn på samme måde som de 5 personer, jeg her har beskrevet, har en tendens til at blive bitre. De føler, at de ingen rettigheder har, og de føler, at de og deres børn er udsat for stor uretfærdighed. Men det er også vigtigt at forstå, at kvinder i almindelighed ikke er onde. Langt de fleste fraskilte mødre vil godt have, at deres børn ser faderen, og i mange tilfælde er det ikke moderen, der forhindrer faderen i at se barnet, men derimod faderen, der ikke er interesseret.

Det er også vigtigt at forstå, at de kvinder, der udelukker faderen, har et motiv. Jeg accepterer ikke deres handlinger, for de er umoralske og til skade for barnet, men der er altid et motiv.

Lad os prøve at se, hvad dette motiv kan være:

1. Mindreværdsfølelse

Moderen vil godt have, at barnet »kun har hende«, så hun kan føle, at hun er helt uundværlig. Hendes identitet er ensidigt bundet op på hendes moderrolle. Hvis barnet kan lide faderen, skaber det jalousi hos hende og hun vil derfor søge at udelukke ham.

2. Hævn

En kvinde føler sig på en eller anden måde krænket eller dårligt behandlet af faderen eller af mænd i almindelighed. Hendes reaktion på dette er - måske ubevidst - at søge hævn. Det siger sig selv, at det aldrig er denne årsag, som hun vil angive til de offentlige myndigheder, hvor hun naturligvis vil hævde at faderen er »syg«, »uduelig«, »ikke kan lide sit barn« etc.

3. Angst for at miste forældremyndigheden

I visse sager, f.eks. en af de her omtalte, har kvinden god grund til
at frygte, at manden på et eller andet tidspunkt vil forsøge at få for-
ældremyndigheden over barnet. Forudsætningen for at han kan få
forældremyndigheden er naturligvis, at moderen ikke passer barnet
ordentligt, eller at hun har negative sociale indikationer (narkoma-
ni, psykisk sygdom, alkoholisme, prostitution etc.). Den bedste må-
de hvor moderen kan forhindre dette, er naturligvis at udelukke fa-
deren på forhånd.

4. En anden mand/kæreste

Det, at en kvinde har fået barn med en mand, er ikke nødvendigvis
det samme, som at hun er forelsket i ham, eller ønsker at leve sam-
men med ham. Hun kan møde en anden mand, som hun bedre kan
lide, eller hun kan håbe, at en sådan mand på et tidspunkt dukker
op. Når den biologiske far søger samvær, opfatter hun det derfor
som en trussel. Hun er bange for, at hun aldrig slipper af med ham,
og hun er bange for, at det vil gøre forholdet til den nye mand be-
sværligt. For hende, var en biologiske far bare en donor , og hun
har absolut intet ønske om, at han skal have noget med barnet at gø-
re.

5. Det praktiske

At passe et lille barn er et stort arbejde, og det bliver ikke altid let-
tere af, at der også er en mand i nærheden. Heller ikke selv om
denne mand er barnets far. Hvis forældrene skændes, og hvis fade-
ren ikke viser vilje eller evne til at tage sig af barnet, vil moderen
ofte mene, at hun klarer det lettere, hvis han slet ikke er til stede.
Derfor lukker hun ham ude.

6. Trussel mod barnets velfærd

Ikke alle fædre er egnede til at passe deres børn, og det er klart at
en moder, der mener, at faderen er voldelig, alkoholisk, syg eller

incestuøs, vil være betænkelig ved at lade ham passe barnet. Når kvinder afslår af give fædre samvær med deres børn, angiver de næsten altid årsager af denne art, og til tider er det sikkert velbegrundet.

Det er vigtigt at gøre sig klart, at kvinder ikke er onde. De handler bare, som de mener, er til deres eget bedste, og sådan som loven giver dem ret til at gøre. Jo mindre personligt og psykisk overskud en kvinde har, jo mere egoistisk og snæversynet vil hun handle. På dette punkt er kvinder og mænd ens.

Problemet er altså ikke, at der er noget galt med kvinderne, men derimod at der er noget galt med den lovgivning, der giver dem lov til at handle, som de gør. Når en kvinde anvender en mand som donor, uden at denne selv har givet til kende, at han ønsker at blive anvendt på denne måde, så er det umoralsk. Men det er ikke ulovligt. En mand må altså forstå, at kvinden har rettigheder, som han ikke har, og hun har mulighed for at skade både ham og deres fælles barn, uden at samfundet griber ind. Når mødre lukker faderen ude, gør de nemlig intet andet, end hvad loven tillader. Politikerne synes, tilsyneladende, at det er i orden, at det er på denne måde. Hvis de ikke gjorde det, ville de vel have ændret lovgivningen for længst!

Når mødrene søger råd hos advokater og diverse hjælpecentre for »enlige kvinder«, får de råd og vejledning i, hvordan man udelukker faderen i praksis. De får - efter eget udsagn - at vide, at de bør skille sig af med faderen, hvis han generer dem, og at de bør gøre det hurtigt. Hvis de udelukker ham fra starten, kan de nemlig holde ham væk for evigt, for så kan han aldrig kræve samvær med barnet, og moderen kan leve sit liv, som hun vil. Mindst 100 kvinder om året synes, at det er et fristende tilbud.

Hvis man føler sig forarget over dette, skal denne forargelse ikke rettes mod kvinderne. Det har jeg redegjort for. Men forargelsen skal heller ikke rettes mod advokaterne eller rådgivningscentrene. De gør kun, som loven lægger op til, at de skal gøre. Politikerne i

Danmark har jo rettet sig efter »eksperterne«, og de har vedtaget, at et barn har ikke brug for en far!

Det er altså ikke mødrene, der er noget galt med, det er lovgivningen. Sandheden er, at hvis man gjorde enhver far berettiget til samvær med sit barn, uanset om han havde levet med moderen eller ej, så ville mødrene indrette sig på dette, og så ville det i langt de fleste tilfælde fungere. Der er nemlig ikke tale om manglende evne til at samarbejde, hverken hos mødrene eller hos fædrene, men om at begge parter er ofre for en lovgivning og en administrativ praksis, der belønner konflikt. Denne lovgivning har som forudsætning, at det biologiske faderskab er en ligegyldighed, og den bygger på en naiv tillid til, at »moders vilje er barnets tarv«.

Før eller senere vil denne lovgivning sikkert blive ændret, men ingen kan sige hvornår. Når man taler ligestilling i Danmark, mener de fleste nemlig ligestilling på arbejdsmarkedet. Politikerne har endnu ikke fundet ud af, at ligestilling på arbejdsmarkedet aldrig kan indføres, så længe man ikke har ligestilling i familien. Eller også er de bare ligeglade!

8. HVAD SKER DER PÅ LANGT SIGT MED FÆDRENE OG MØDRENE?

Da mit arbejde som rådgiver for fædre uden samværsret kun har varet fem år, har jeg ikke haft lejlighed til at lave langtidsstudier af, hvad der sker med de fædre, der afskæres fra kontakt med deres børn. Men jeg har naturligvis et indtryk og nogle formodninger.

I en lille del af disse sager sker der på et tidspunkt en opblødning af forholdet mellem faderen og moderen. Måske flytter de sammen, måske laver de en uformel samværs-ordning, eller måske accepterer de begge, at det er bedst, at barnet bor hos moderen, og at kontakten mellem barn og far kun foregår lejlighedsvis, indtil barnet selv kan bestemme, når det er 15-18 år. Dette sker desværre kun i en meget lille del af de tilfælde, hvor faderen udelukkes fra starten.

Det normale er, at han totalt mister kontakten til både barnet og moderen. I visse tilfælde fortsætter faderen med at leve alene, og i andre finder han en anden kvinde, som han - måske - får børn med. De mænd, der stifter ny familie, har det sjældent godt med erindringen om det barn, som de ikke har kunnet få kontakt med. Ofte bliver det holdt hemmeligt for de efterfølgende børn og til tider også for den nye ægtefælle. Manden ønsker simpelthen ikke at snakke om det, der er sket. Alene erindringen vækker bitre følelser af nederlag og krænkelse.

På en måde fortsætter savnet af det utilgængelige barn hele livet, men da der ikke - indenfor den gældende lovgivning - er realistiske måder at løse problemet på, søger man at fortrænge det. Hvis barnet, når det har nået den modne alder, forsøger at opspore faderen og få kontakt med ham, er det derfor ikke altid, at dette mødes med glæde, hverken af faderen eller af dennes nuværende hustru. Faderen har nu etableret sig i en ny tilværelse, og han ønsker ikke at skabe jalousi eller uro i familien. De børn, der efter lang tids fravær opsøger deres fædre, kan derfor risikere at blive afvist, og dette virker naturligvis kun som en bekræftelse på det, som mødrene hele tiden har fortalt dem: »Din far holder ikke af dig, og han gider ikke have noget med dig at gøre«.

Hvad sker der så med mødrene?

Mødrene forsøger naturligvis også at stifte ny familie og at finde en anden mand. Men da de finder ud af, at de fleste mennesker har vanskeligt ved at forstå, hvorfor de forhindrer deres barn i at se sin biologiske far, er der en tendens til, at de opdigter historier, som ligger meget langt fra de virkelige hændelser.

De normale historier er dem, der går ud på at faderen »ikke ønsker at se sit barn«, »er syg«, »drikfældig« etc., og at moderen er blevet »svigtet«. Det er den slags historier, som både børnene selv og omgivelserne i almindelighed får fortalt og dem, som tjener til at opretholde det etablerede billede af kvinden som det uskyldige offer.

Det billede børnene på denne måde får af deres far, er meget negativt, og det er naturligvis med til at præge deres forestillinger om sig selv. Når faderen er så forfærdelig, som moderen har fortalt, så må dette forfærdelige jo være en del af børnene selv. Denne viden skaber negativt selvværd, og jo mindre selvværd barnet føler, jo sværere er det for barnet at lære. Resultatet giver sig selv!

Sager om skilsmisse og samlivsbrud opleves altid helt forskelligt af manden og kvinden. For manden drejer det sig om kærlighed til barnet og om ære. Han forhindres i at have kontakt med det barn, som bærer hans gener og som derfor - på en eller anden måde - er af samme kød og blod som ham selv.

For moderen er manden til besvær. Hun vil hellere være alene eller sammen med en anden mand, og loven giver hende alle de muligheder, hun har brug for. Hun mener, at manden har »skuffet« hende, og at han »selv er ude om det«. Hun afskærer ham derfor fra fremtidig kontakt til barnet, og hendes samvittighedskvaler i denne forbindelse er sikkert ikke overvældende. Hun gør nemlig ikke andet, end det som hun er bliver rådgivet til. Loven giver hende jo ret, og hvis det er så forfærdeligt at forhindre barnet i at se sin far, hvorfor har politikerne så ikke for længe siden lavet det om, så fædre automatisk har samværsret?

9. HVAD SKER DER MED BØRNENE?

Der er mig bekendt aldrig lavet undersøgelser, der viser hvad der sker med børn, der afskæres fra at have kontakt med deres biologiske far. På hvilken måde adskiller de sig fra børn, som har denne kontakt?

Det er sikkert et svært problem at belyse, for det, at børn ikke har kontakt med deres far betyder jo ikke, at de afskæres fra kontakt med mænd i det hele taget. Moderen har måske forskellige skiftende kærester, eller hun flytter sammen med en anden mand, bliver måske gift og får flere børn. Der er mange muligheder, og i mange tilfælde får barnet slet ikke at vide, hvem dets virkelige far er.

For så vidt at den biologiske far betaler børnepenge, vil han dog være registreret i barnets fødselsattest, og det er derfor kun et spørgsmål tid, før sandheden kommer frem. Men når dette endelig sker, så er alt forandret, og - i de fleste tilfælde - er det for sent at optage kontakten mellem far og barn. Faderen lever måske ikke mere. Eller også er han ikke mere interesseret, da han har etableret en ny familie.

I mange tilfælde har moderens negative omtale af den ikke-tilstedeværende far været så effektiv, at barnet ikke tør eller vil opsøge ham. Det frygter moderens vrede. Barnet danner i stedet fantasibilleder, hvor det forestiller sig, hvordan den ubekendte far er. Det nægter at acceptere, at han er en skurk og i stedet for at foragte ham, danner det en idealforestilling.

For det faderløse barn, er faderen derfor - paradoksalt nok - ofte en helt. Han er en fantasifigur, som barnet sidestiller med andre fantasifigurer. For drengen minder han måske om Batman og for pigen om den idealmand, som hun selv drømmer om at møde en gang i fremtiden.

I andre tilfælde overtager de faderløse børn moderens dæmonististiske billede af deres fader, og hvis de ikke får tilknytning til en anden mandsperson, som kan være "fader" for dem, kan de udvikle et meget negativt billede af en af kilderne til deres egen oprindelse.

Børn uden fadertilknytning vil desuden have en tendens til at søge ind i autoritære miljøer, hvor de finder de ønskede fædre-erstatninger. Det kan være rockerbander, kriminelle miljøer eller i militæret. Og der, hvor en sådan søgen efter nye faderfigurer ikke lykkes, vil en submissiv karaktertype være det sandsynlige resultat og tendensen til evig søgen efter mandlig kontakt vil gøre disse børn og unge til villige kandidater til de homoseksuelle og pædofile miljøer.

Faderløshed er usundt. Alt andet lige er sandsynligheden for, at det faderløse barn ikke får den nødvendige maskuline kontakt større end for andre børn. Den sociale indlæring og barnets identitetsdannelse bliver hæmmet. Risikoen for at barnet på et tidspunkt kommer i vanskeligheder, der kan henføres til manglende faderkontakt, er meget stor.

Stockholm-syndromet

En stor del af de børn, som vokser op uden kontakt til deres far, vil udvikle det såkaldte Stockholmsyndrom. Dette begreb henviser til den psykiske tilstand, som opstår når personer, som er blevet kidnappet, begynder at identificere sig med deres kidnappere. Syndromet er set udfoldet mange gange i forbindelse med krig og terrorisme, og den situation, som et barn uden ret til at se sin far befinder sig i, svarer til den situation, som gidslerne hos diverse terroristgrupper befinder sig i. Man der magtesløs og får kun de informationer, som kidnapperne ønsker, at man skal få.

Man har valgt mellem at tilpasse sig eller at bukke under. Børnene, som kidnappes af deres mødre, dør ikke rent fysisk. Men de bliver ødelagt psykisk og får skader, som varer resten af livet.

Det, som især er karakteristisk for det legalt kidnappede barn er, at det udsættes for en løbende strøm af propaganda fra moderen imod faderen. Da barnet ved, at det har faderens gener, er denne propaganda reelt rettet mod barnet selv. Moderen ødelægger barnets selvfølelse og dets identitet. Barnet lærer at hade sig selv og at skamme sig over sin egen situation.

Forudsætningen for at dette bedrag kan lykkes - som moderen ser det - er at barnet aldrig lærer sandheden at kende, og det kan hun kun sikre ved at sørge for, at barnet aldrig kommer til at se sin far. Heller ikke når barnet bliver voksent.

Efter en krig er det sejrherren, som skriver historien, og den samme situation gælder for kidnapper-moderen. Hun kan selv opdigte den historie, som barnet skal tro på, for barnet har ingen mulighed for at gennemskue hende og at finde sandheden. Men moderen ved også, at hendes bedrag kun holder, hvis hun kan sikre, at barnet aldrig mere kommer til at se sin far. Ellers risikerer hun, at barnet møder en anden version af dets egen fortid, og dette kan føre til stærke reaktioner imod den løgnagtige mor.

Derfor passer moderen på, og det som startede med at være en følelsesbestemt handling, som skulle straffe faderen for et eller andet, som hun var sur over, udvikler sig til at blive en permanent tilstand af konflikt, had, udelukkelse og propaganda imod barnet. Dette er en sikker opskrift på social isolation, psykisk sygdom og - ikke sjældent - kriminalitet. De kidnappede børn er overrepræsenterede i kriminalstatistikken, og det har en årsag. Disse børn har nemlig fundet ud af, at de største forbrydelser, der begås i vores samfund, sker med statsmagtens fulde billigelse. Lovgivning har intet med moral at gøre, så hvorfor respektere denne lovgivning, hvis det bedre kan betale sig at bryde den?

10. DE FALSKE LØSNINGER

I dette afsnit skal vi så se på, om der er nogle løsninger. Er der
overhovedet noget at gøre ved det, eller skyldes problemerne »den
menneskelige natur«, som vi ikke kan lave om på?

Før jeg kommer med mit eget bidrag, vil jeg tillade mig at gennem-
gå et par af de forslag, som er fremsat i diskussionen indtil nu. De
fleste af disse har - desværre - det til fælles, at de overhovedet in-
gen effekt vil have på det, som er årsagen til problemerne, vi disku-
terer i denne bog. Forslagene er typisk fremsat af personer, som in-
tet personligt kendskab har til, hvordan den tidlige udelukkelse af
faderen foregår, og som forveksler dette problem med samværs-
problemer i almindelighed.

De fædre og børn som vi snakker om her, kan imidlertid på ingen
måde sammenlignes med fædre og børn fra brudte familier, hvor
faderen har en legal samværsret, fordi han har boet sammen med
barnet. Disse fædre kan jo henvende sig til en domstol, hvis ikke
moderen overholder samværsordningen. Der kan naturligvis fore-
komme sabotage og chikanerier, men moderen kan sjældent - på
længere sigt - forhindre ham i at se sit barn.

Faderen og barnet har i de normale skilsmissesager en juridisk ret
til samvær, det er det afgørende. Det har de ikke i de sager, vi dis-
kuterer her. Spørgsmålet for den tidligt udelukkede fader er derfor
ikke om samværet er »godt nok« eller ej, for det eksisterer slet ikke.

Løsningen på problemerne er ikke en generel revision af myndi-
ghedsloven eller en eller anden form for kulturel ændring af men-
neskers normer og adfærd i almindelighed. Det er der ikke brug for.
Det, som det drejer sig om, er en ganske enkel og helt konkret æn-
dring af den paragraf i myndighedsloven, som siger, at man skal
kende sit barn i forvejen, før man kan få samværsret. Det er der,
problemet ligger.

Før denne ændring er lavet, ser det ikke godt ud for de, der ønsker
at forbedre mænds retsstilling i forhold til deres børn i almindelig-
hed. At sådanne ændringer er påkrævet, er jeg naturligvis helt enig
i, men tingene hænger jo sammen. Hvis en betydelig gruppe fædre,
helt uden saglig årsag, end ikke har lov til at se deres børn, hvordan
kan en anden gruppe så håbe på at kunne få udvidet og forbedret
deres samværsordninger?

Tingene må jo hænge sammen!

Lad os se på nogle af de forslag til løsninger som politikere og an-
dre er fremkommet med:

"Man skal bare gifte sig!!

En almindelig kommentar til sager af denne art er denne: »De kun-
ne jo bare have giftet sig«.

Det er rigtigt, at det at gifte sig giver faderen en stærkere retsstilling
i forhold til barnet, men i princippet gør det alligevel ingen forskel.
For samvær kan jo kun fastsættes, hvis faderen i forvejen har et tæt
forhold til barnet og ægteskab alene skaber ikke i sig selv dette tæt-
te forhold. I hvert fald ikke hvis moderen - som det er tilfældet i
disse sager - udelukker faderen fra starten.

Ægteskab giver ikke automatisk samværsret. Det må man gøre sig
klart. Men selv hvis dette havde været tilfældet, hvad ville det så
hjælpe, når moderen ikke ønsker, at de gifter sig? I de cases jeg har
gennemgået, har moderen ikke ønsket ægteskab, for hun har allere-
de på et tidligt tidspunkt besluttet sig for at udelukke faderen. At
opfordre til ægteskab er derfor ingen hjælp til faderen og barnet.
Det er ingen løsning.

Visse moraliserende personer vil måske sige, at mænd og kvinder
overhovedet ikke bør dyrke seksuelt samvær med hinanden, før de
har kendt hinanden så lang tid, at de er sikre. Men det er jo ureali-
stisk. Vi kan ikke ændre det seksuelle mønster i Danmark, og de

fleste mener vist heller ikke, at det er ønskeligt. Den tid, hvor sex kun fandt sted mellem mennesker, der var gift med hinanden, er slut. Halvdelen af alle børn fødes udenfor ægteskabet og en ikke ubetydelig del af dem fødes af mødre, som rent faktisk ikke ønsker at blive gift med den, som er fader til barnet.

Som man måske kan gætte, er det ikke mindst de »kristelige«, som tror at kunne løse de faderløse børns problem ved at diktere ægteskab. Men er det rigtigt at straffe børnene for de »fejltagelser«, som forældrene har gjort? Er det realistisk at skrue tiden tilbage, så seksuelt samkvem kun finder sted inden for ægteskabet? Næppe!

De kristelige kender sikkert deres Bibel og ved, at der står, at børnene straffes for forældrenes synder (13) - men er det et ideal, som skal lægges til grund for dansk familieret? - Hvis vi skal bruge de bibelske normer, skulle vi så ikke hellere give barnet mulighed for at »ære sin far og sin mor« (14)?

Forudsætningen for dette er imidlertid, at det lærer dem begge at kende.

"Man skal have bedre rådgivning!"

Den anden pseudoløsning er den, der går ud på, at man bare skal have bedre offentlig rådgivning, så forældrene på denne måde kan lære at forstå hinanden og at samarbejde om barnet. Nogle foreslår endda at rådgivningen skal gøres obligatorisk, så parterne ikke kan afslå at deltage.

Men rådgivning er ikke i sig selv nogen løsning på problemerne, når den ene af de parter, der skal deltage ikke har interesse i, at den skal føre til et resultat. Rent faktisk har samtlige forældrepar, som er omtalt i mine cases fået tilbudt rådgivning, men det har ikke hjulpet. Moderen har nemlig ikke ønsket at deltage.

Det er ikke fordi, at parterne ikke er interesseret i rådgivning, tværtimod. Fædrene går hos Foreningen Far og mødrene hos Mødrehjælpen. Evt. suppleres så op med den lokale socialforvaltning eller med en advokat, som man er blevet henvist til. Men denne form for rådgivning gør ikke mødrene mere venligt stemt overfor at give faderen lejlighed til at se sit barn, tværtimod. Her bliver hun nemlig orienteret om de gældende regler og dermed om, at det er til hendes fordel, hvis hun så hurtigt som muligt udelukker manden fra enhver kontakt med barnet, da hun ellers kan risikere, at han »kan få samværsret«. De advokater, som tjener penge på at vejlede mødre i, hvordan de kan slippe af med den biologiske far, vil desuden næsten altid opfordre mødrene til at afslå at deltage i de af Statsamt og Overpræsidium arrangerede § 27 A-samtaler (15). Alene det, at moderen møder op til en sådan samtale, kan nemlig tolkes som en »delvis indrømmelse« af, at hun mener, at faderen bør have med barnet at gøre - og det er jo netop det, som hun vil undgå. Moderen, som vil udelukke faderen fra starten, vælger derfor næsten altid at blive væk fra § 27 A-samtalerne. Hendes mål er at give myndighederne det indtryk, at der overhovedet ikke er nogen mulighed for samarbejde mellem hende og faderen. Derfor ønsker hun naturligvis heller ikke at deltage i samtaler af denne art.

Hvis man valgte at gøre samtalerne obligatoriske, ville mødrene formentlig alligevel blive væk, med mindre man direkte truede med sanktioner. Men uanset hvor meget man tvinger et menneske til at deltage i en »rådgivning«, fører det ikke til noget, hvis denne person ikke har en interesse i, at der skal komme et positivt resultat ud af det, og det har mødrene ikke. De har nemlig alt at tabe og intet at vinde. Det er dem, som har forældremyndigheden, og faderen har ingen rettigheder overhovedet. Det har mødrene ingen interesse i at lave om på.

Fælles forældremyndighed

Fra forskellig side har den tanke været fremme, at man burde indføre tvungen fælles forældremyndighed, uanset om forældrene har været gift eller ej, da barnet blev født. Men hvis myndighedsloven bevares i dens nuværende form, så vil en sådan tvungen fælles forældremyndighed ikke hjælpe de børn og fædre, som vi taler om her.

Barnet lever jo hos moderen, og hvis hun ønsker det, kan hun til enhver tid få den fælles forældremyndighed ophævet. Hun skal bare hævde, at hun og faderen »ikke kan samarbejde«. Hvis man stadig har den gældende »1-års-regel«, er faderen ikke stillet spor bedre. Han skal stadigvæk kunne dokumentere, at han har levet med barnet i en vis periode, før han kan få samværsret og hvis han - som det jo sker - bliver lukket ude fra starten, så hjælper den fælles forældremyndighed ham ikke.

Jeg skal ikke vurdere, om en tvungen fælles forældremyndighed vil være en forbedring for fraskilte fædre og børn på andre områder. Det er muligt. Men for de mennesker vi interesserer os for her, gør det ingen forskel. Rent faktisk havde forældrene i en af de sager jeg har omtalt, fælles forældremyndighed, men det hjalp ikke faderen det mindste - tværtimod. Når man har fælles forældremyndighed, kan faderen nemlig ikke søge om samværsret, og dermed udelukkes han fra at forsøge at få den samværsresolution, som er hans eneste mulighed for at få moderen til at udlevere barnet til samvær.

Fælles forældremyndighed er naturligvis det bedste, hvis forældrene kan samarbejde. Man har jo fælles forældremyndighed, når man er gift. Men for at det kan fungere, forudsætter det, at man er gode venner, og at begge parter ønsker at samarbejde. Ingen af disse forudsætninger er til stede i de sager, vi snakker om her. Tvungen fælles forældremyndighed ville derfor ikke gøre nogen forskel. Barnet bor hos moderen, og hun kan frit udelukke faderen efter behag. Den lovændring, der er brug for, drejer sig om at sikre, at faderen altid har ret til samvær, og at moderen ikke kan forhindre det, heller ikke ved at udelukke ham fra starten. Hvordan en sådan lovændring kan se ud, vil vi se på i det kommende afsnit.

11. KAN DET LAVES OM?

Når man hører diskussionerne om danske børns manglende fader-
kontakt, kan man få det indtryk, at der ikke er noget at gøre ved det.
Men det er ikke rigtigt. Jeg har i forrige afsnit gennemgået et par af
de pseudoløsninger, som fremføres fra forskellig side. Men det, at
der fremsættes virkningsløse forslag, er jo ikke det samme, som at
problemet er uløseligt. Det er det nemlig ikke.

Den lovændring, som må gennemføres, hvis politikerne ønsker at
give danske børn ret til to forældre, er - juridisk set - uhyre simpel.
Da folketinget i 1993 besluttede, at man ville nedsætte et udvalg,
som skulle »kulegrave« området, var det - efter min vurdering - ba-
re en undskyldning. Man tør nemlig ikke træffe de nødvendige be-
slutninger. Man er bange for at lave tingene om, for man ved, at
man kommer til at anfægte et veletableret kvindeprivilegium, som
de sidste 20 års såkaldte ligestillingsdiskussion har gjort urørligt,
nemlig kvindens suveræne bestemmelsesret over børnene. Men po-
litikerne må indse, at man ikke både kan blæse og have mel i mun-
den. Man kan ikke både tilfredsstille de mødre, som opfatter barnet
som deres personlige ejendom, og samtidig give barnet ret til en
far. Man må vælge. Enten får de faderfjendske kvinder deres vilje,
eller også får børnene deres ret - begge dele kan ikke lade sig gøre.

Der er brug for 2 ændringer i forhold til den nugældende lovgiv-
ning og praksis:

1. Altid samværsret.

Det skal præciseres i myndighedsloven, at den af forældrene, som
ikke har del i forældremyndigheden (faderen) altid har ret til sam-
vær med barnet. Dette skal gælde uanset om den pågældende har
levet sammen med forældremyndighedsindehaveren (moderen) el-
ler ej. Den såkaldte »et-års regel« eller »seks-måneders regel« skal
altså afskaffes. Mødre må ikke kunne undgå samvær bare ved at
udelukke faderen fra starten.

Undtagelsen fra denne regel skal kun være fædre, som ikke har til-kendegivet fra starten, at de ønsker dette samvær, og fædre, som af en domstol er blevet vurderet som uegnede til at have med deres børn at gøre.

Det siger sig selv, at en samværsordning skal foregå efter nogle faste retningslinjer, lige som det gælder for de fædre, der med den nugældende lovgivning har ret til samvær. Hvor meget samvær der skal være tale om, og hvordan det skal arrangeres, er der ikke grund til at diskutere nærmere her. Det er ikke det, som er det afgørende problem.

I de tilfælde hvor moderen hævder, at faderen »ikke kan finde ud af at passe barnet«, er det rimeligt, at samværet i starten arrangeres under overvågede forhold, f.eks. som det i dag ofte sker i Mødre-hjælpens børnehave eller et lignende sted. Samværet må naturligvis ikke udgøre en risiko for barnet, men på den anden side må moderen heller ikke kunne forhindre det bare ved at hævde, at faderen ikke er god nok. Måske er det rigtigt, at han ikke er god nok. Men så må han lære det.

2. Alle afgørelser skal kunne bringes for en domstol.

Som det er i dag, kan en ugift og ikke-samboende fader ikke få sin ansøgning om samvær behandlet af en domstol (16). Det er alene en administrativ afgørelse, som træffes af Statsamtet og Civilretsdirektoratet. Sagsbehandlingen er derfor af en lavere kvalitet og afgørelserne mere tilfældige, end de ville være, hvis der var adgang til en egentlig retslig behandling. Når forældrene har været gift, kan de, som det er i dag, få samværssagen afgjort ved retten, så hvorfor skal det samme ikke være tilfældet for ugifte forældre? Er de børn, hvis forældre ikke har giftet sig mindre værd end de andre? Nej vel!

Den nødvendige ændring af lovgivningen er ikke svær at gennem-føre, idet man ikke behøver at gøre andet end at tilføje to små sætninger til myndighedslovens § 24, stk. 2. Her slås det fast, hvornår samvær mellem faderen og barnet bør fastsættes.

Nu slutter denne paragraf således:

»Ved afgørelsen tages navnlig hensyn til den pågældendes hidtidige forbindelse med barnet.«

Hvis fædrene skal stilles lige med mødrene og hvis børn skal have ret til en far, behøver man blot at tilføje to små sætninger, som helt vil forandre situationen.

Disse sætninger lyder således:

»Dette gælder dog ikke, hvis den hidtidige forbindelse har været forhindret eller saboteret af forældremyndigheds-indehaveren. Alle afgørelser kan bringes for en domstol.«

Så let er det! Hvis denne ændring blev gennemført, ville det grundlæggende problem være løst. Hermed ville ingen nybagt moder kunne udelukke den biologiske far fra fremtidig samvær med hans barn, blot ved at forhindre ham i at se barnet fra starten. Samværssabotage ville ikke mere kunne betale sig, og børn af samboende og ikke-samboende forældre ville blive stillet lige. Hermed ville de mange fædre, der i dag, uden saglig grund, forhindres i at se deres børn, komme i en ny situation. Den grundlæggende uret ville være slut, og de fædreløse børn ville igen få ret til at have to forældre.

Ved ændring af loven bør det præciseres, at den skal have tilbagevirkende kraft. Også de mindst 1.000 børn, som i dag er uden faderkontakt, fordi faderen har fået afslag på ansøgning om samværsret efter den såkaldte »et-års-regel«, skal have en chance. Dette forudsætter naturligvis, at fædrene stadig er interesserede, og at der er praktiske muligheder for at arrangere samvær. Hvis faderen ikke har set sit barn nogensinde, må der laves en ordning, der indleder samværet på en - for barnet - hensigtsmæssig måde. Faderen og barnet må gives tid til gradvis at lære hinanden at kende. Samværet må derfor starte i det små og kan derefter gradvis udvides til normalt omfang.

En ændring af loven efter disse retningslinjer vil naturligvis ikke løse alle problemer, det ved jeg godt. Der vil stadig være en masse vanskeligheder med samværets længde, form etc. Men disse problemer er jo ikke andre, end dem man i dag har med de mange fædre, som har en juridisk legal samværsret. Disse fædre har det ikke altid let. Mange er utilfredse, fordi de ikke ser deres børn så meget, som de vil, og mange føler, at moderen forsøger at sabotere den smule samvær, som de har ret til. Men denne type af problemer er af en helt anden art, end dem som de tidligt udelukkede fædre står over for.

Hvis loven ændres, vil alle fædre have en legal ret til samvær, og det har de ikke nu. Dermed er den grundlæggende uret fjernet. Så er det ikke kun nogle børn, men alle, som har ret til en far.

12. TÆNK DIG OM MAND!

Jeg synes, at det er passende at slutte denne lille bog med et par go-
de råd til mænd i almindelighed og ikke mindst til de mænd, som
ved, at de snart skal være fædre.

Jeg håber, det er klart for den, der læser dette, at mit formål ikke
har været at skræmme mænd fra at få børn. Selv de fædre, der gen-
nem længere tid udelukkes fra at have med deres børn at gøre, ud-
trykker som regel, at de er glade for børnene. De fortryder måske,
at de ikke tænkte sig bedre om i rette tid, og de fortryder at de ikke
fandt en mere fornuftig kvinde som mor til deres børn. Men de for-
tryder ikke, at de er blevet fædre.

Man skal hele tiden huske, at den gruppe mødre, der er omtalt i
denne bog er en minoritet. Langt de fleste kvinder ønsker, at deres
børn skal have en far. De er ansvarlige og ved godt, at et barn ikke
har fordel af at blive behandlet som et stykke privat legetøj. Børn
bør ikke være privat ejendom, de bør have selvstændige rettigheder.
Og den vigtigste af disse rettigheder, er retten til to forældre.

Mænd bør tænke sig om når de dyrker sex, for når man er blevet
far, kan man slet ikke lade være med at føle ansvar og kærlighed til
det barn, som man selv har været med til at skabe.

Det ideelle ville naturligvis være, hvis alle børn havde forældre,
som elskede hinanden, som var gift og som havde besluttet sig for
at være fælles om børnene. Men sådan er virkeligheden ikke. Også
i fremtiden vil der blive født børn uden for ægteskabet, og også i
fremtiden vil en mindre del af disse børns mødre have den opfattel-
se, at barnet er bedst tjent med at blive afskåret fra sin far.

Hvad kan en mand så gøre for at undgå at blive misbrugt som ufri-
villig sæddonor?

Svaret er: I princippet intet!

Manden - og barnet - er med den nugældende lovgivning retsløse. Hvis moderen vil afskære dem fra kontakt, kan hun gøre det.

Indtil loven laves om, er der derfor kun én mulighed, og den går ud på at forsøge at få et samarbejde med moderen - uanset hvor uforståelig og forkastelig hendes indstilling er set ud fra faderens synsvinkel. I de fleste tilfælde kræver det, at manden skal ydmyge sig, og det er ikke altid det, han har lettest ved. Han føler, at han burde have ret til at se sit barn, men moderen har en anden opfattelse.

Om den ene eller anden af de to parter har moralsk mere ret end den anden er ikke interessant, for det drejer sig om magt. Hvis manden ikke vil erkende, at det er moderen der bestemmer, og at hans rolle er at være den, der skal støtte og hjælpe, så vil forholdet ikke komme til at fungere.

Jeg tror ikke, at antallet af faderløse børn vil blive meget mindre i de kommende år. Når loven en gang i fremtiden laves om, så en far automatisk har samværsret med sit barn, vil der stadig være masser af børn, som ikke lærer deres biologiske far at kende. Mange mødre vil stadig sabotere samværet, og mange fædre vil stadig ikke leve op til den pligt, de burde føle til at tage sig af deres egne børn.

Men en lille smule bedre vil det alligevel være blevet. Som reglerne er i dag, kan en mand nemlig med god ret sige, at børn er kvindernes problem, for det er kvinderne, som »ejer« dem. Han har altså en særdeles god undskyldning for ikke at engagere sig.

Hvis loven ændres, så falder denne undskyldning bort. Så er børn ikke mere et stykke privat legetøj for moderen, men en fælles forpligtelse for to voksne mennesker, der har valgt at blive forældre. At den ene eller anden af forældrene så bagefter vil hævde, at det var et »uheld«, gør ingen forskel. Alle handlinger har jo en konsekvens, og for barnet er det ligegyldigt, om det er et »uheld« eller ej.

Et barn har ret til to forældre, og det bør loven indrettes efter. Men selv når den ændres, vil der være masser af tilfælde, hvor der opstår uvenskab og jalousi mellem forældrene, og hvor moderen bliver fristet til at anvende barnet som gidsel med det formål at genere faderen. Det er det, som ikke må kunne lade sig gøre. Barnet må ikke blive den, der skal bøde, for forældrenes fejltagelser.

At give moderen den magt som hun har nu, er en klar fejltagelse. Mennesker, der har for meget magt, fristes nemlig alt for let til at misbruge den. Det er det, der resulterer i faderudelukkelse.

Det, der er brug for, er en helt ny holdning til spørgsmålet om børn og forældrene. Loven skal ikke være til beskyttelse af de stærke - mødrene - som det nu er tilfældet. Den skal tage udgangspunkt i barnets tarv og i barnets behov for at have kontakt til begge sine biologiske forældre. Et barn skal have sine egne umistelige juridiske rettigheder, uanset om moderen bryder sig om det eller ej. En af disse rettigheder er retten til en far.

13. AFSLUTNING

Kære læser. Første udgave af denne bog skrev jeg i 1994. Nu viser kalenderen 2015 og jeg er netop blevet 66 år og folkepensionist.

Min søn Mads er nu voksen. Han læser medicin på universitetet og har det forhåbentlig godt. Jeg ved det ikke, for jeg har ingen kontakt med ham. Han ønsker ikke kontakt. Jeg læser hans Facebook-profil og derfra ved jeg lidt om ham. Ved juletid for et par år siden forsøgte jeg at ringe til ham, men det var hans mor, som tog telefonen, og hun smækkede røret på. Jeg har også skrevet til ham via Facebook, men han svarer ikke.

Sidste gang jeg snakkede til min søn var han 2 år gammel. Dengang kunne han ikke tale. Jeg husker at jeg holdt ham i mine arme og jeg skiltes fra hans mor, som den gang boede i en lejlighed på Østerbro. Det var et tragisk øjeblik, for vi vidste begge, at vores konflikt var så alvorlig, at det var meget tvivlsomt om vi ville ses igen. Og hvad der fulgte har jeg fortalt i denne bog (case Jakob og Eva).

Set i bagklogskabens lys kan jeg se mange ting, som jeg burde have gjort anderledes, men nu er det ligegyldigt. Det afgørende punkt, som gør at jeg er vred, er at det danske samfund intet gør for at give ugifte fædre ret til at se deres børn, hvis blot moderen hyrer en tilstrækkelig snedig advokat og nægter at følge en gældende samværsbestemmelser. Børn har - i Danmark - ikke ret til en far og al den snak som danske politikere og feminister udgyder om "ligestilling" og "menneskeret" er hule fraser, så længe den mest elementære form for menneskeret ikke gælder. De ansvarlige for dette er de danske politikere. Om dem kan jeg derfor kun sige én ting: Skam jer!

Jakob Munck
Kbh. 21/2-2015

14. NOTER

1. Konventionen kan i sin helhed ses aftrykt i: »Børns rettigheder i Danmark« (Det danske center for menneskerettigheder, 1993, s. 173).

2. Foreningen Far hedder i virkeligheden: »Foreningen Far til støtte for Børn og Forældre«. Af nemhedshensyn betegnes den i det følgende som »Foreningen Far«

3. »Redegørelse for udviklingen i praksis i samværssager efter den 1. juni 1987« (udarbejdet af Justitsministeriets »Civilretsdirektorat« 1991, j.nr. 1991-90-31).

4. Justitsminister Hans Engels svar på spørgsmål i Folketinget, 3.9.1992. (Svaret udarbejdet af Justitsministeriets lovafdeling).

5. Oplysningerne om svensk og norsk praksis på samværsretsområdet er hentet fra bemærkningerne til Socialdemokratiets forslag til ændring af myndighedsloven (forslag B 87, Folketinget 1991-92).

6. Polititilhold (politiadvarsel) fastsættes af politiet og betyder, at hvis faderen på nogen måde opsøger eller kontakter moderen i 5 år, bliver han straffet med bøde eller fængsel.

7. Mødrehjælpen hedder i virkeligheden: »Mødrehjælpen af 1989«.

8. Forudsætningen for at en mand skal betale børnepenge er, at han er registreret som barnets far. Hvis moderen hævder, at hun »ikke ved hvem der er far til barnet«, idømmes hun en bøde på et par hundrede kroner. Faderen slipper så for at betale børnepenge, som i stedet betales af kommunen. Faderen bliver i denne situation naturligvis ikke registreret i barnets fødselsattest, og han kan ikke på noget tidspunkt kræve samværsret.

9. »Forældremyndighed og samværsret«. Afgivet af en arbejdsgruppe under Justitsministeriet (Betænkning nr. 985).

10. En børnesagkyndig er en offentligt ansat psykolog, som skønnes at have særlig indsigt i børnepsykologi.

11. »Psykolog Nyt« nr. 10, 1988, s. 353.

12. Zlotnik, G: De stakkels drenge (Reitzels Forlag, 1991).

13. »Herren....lader ingen ustraffet, og han hjemsøger fædrenes brøde på børnene i tredie og fjerde led« (Fjerde Mosebog, 14/18).

14. Matthæus Evangeliet, 15/4.

15. I henhold til myndighedslovens § 27 A har forældre, der ikke kan blive enige om samvær og forældremyndighed, ret til rådgivning hos Statsamtet. Denne rådgivning gives normalt af psykologer og/eller jurister.

16. Det skal i denne forbindelse understreges, at det ikke er nok, at en administrativ afgørelse i Danmark altid kan bringes for en domstol, og at en afgørelse i Civilretsdirektoratet derfor altid kan prøves. En domstol kan nemlig ikke, som loven er i dag, tage stilling i en samværssag, hvor forældrene ikke har været gift eller samboende. Det eneste den kan gøre er at tage stilling til, om den trufne afgørelse i sig selv er lovmedholdelig, og det er de afgørelser, som er truffet i samtlige sager, der er omtalt i denne bog formentlig.

www.ingramcontent.com/pod-product-compliance
Lightning Source LLC
Chambersburg PA
CBHW031425250726

48656CB00002B/834